İKİ KİŞİLİK YALNIZLIK

SİNAN AKYÜZ, 1972 tarihinde Iğdır'da dünyaya geldi. Gazeteci, fotoğraf sanat-çısı ve köşe yazarı da olan yazarın yayınlanan diğer kitapları: *Etekli İktidar* (Alfa Yay., 2003) ve *Bana Sırtını Dönme* (Alfa Yay., 2005). Yazar halen Takvim Gazetesi'nde köşe yazılarına devam ediyor.

İKİ KİŞİLİK YALNIZLIK

Sinan Akyüz

Alfa Yayınları 1772
Edebiyat Güncel 31

İKİ KİŞİLİK YALNIZLIK

Sinan Akyüz

akyuzsinan@yahoo.com

1 - 4. Basım : Ocak 2007

ISBN : 975-297-849-2

Yayıncı ve Genel Yayın Yönetmeni M. Faruk Bayrak
Yayın Koordinatörü ve Editör Rana Gürtuna
Pazarlama ve Satış Müdürü Vedat Bayrak
Kapak Tasarımı Utku Lomlu
Kapak Fotoğrafı Tacettin Ulaş

© 2006, ALFA Basım Yayım Dağıtım Ltd. Şti.

Alfa Basım Yayım Dağıtım Ltd. Şti.
Ticarethane Sokak No: 53 Cağaloğlu 34410 İstanbul, Turkey
Tel: (212) 511 53 03 - 513 87 51 - 512 30 46 Faks: (212) 519 33 00
www.alfakitap.com
info@alfakitap.com

Baskı ve Cilt
Melisa Matbaacılık
Çiftehavuzlar Yolu Acar Sanayi Sitesi No: 8 Bayrampaşa - İstanbul
Tel: (212) 674 97 23 Faks: (212) 674 97 29

Çileğim Ayşo'ya...

SÖZÜMÜZ BİTTİ

"Sus," dedi kadın, kocasına. "Tüylerimi diken diken ediyorsun. Birlikte bir ömrü paylaştık, bir türlü biz olamadık nedense?"

"Saçmalıyorsun," dedi adam. "Aklını başına topla..."

"Evlenmek sana göre değilmiş," dedi kadın. "Yeni yeni anlıyorum bu gerçeği."

"Güldürme beni," dedi adam. "Ben evlilik için en doğal adaydım oysa. Can atan, çırpınan bir aday."

Kadın, "Sen artık benim tanıdığım adam, kocam değilsin. O geçmişte kaldı. Hâlâ gerçeği görmek istemiyor musun? SÖZÜMÜZ BİTTİ."

Kadın, yavaşça kocasından çözüldü. Birkaç karış öteye gitti. Ağlamak istiyordu ama gözlerinden bir damla bile yaş gelmedi. Belki de ilk kez ağlamayı, rahatlamak için yeterli bulmuyordu.

Başka bir şeyler yapmak istedi. Sıçradı ansızın oturduğu yatağın içinde. Başını kocasına çevirdi. Boş gözlerle ona baktı. "Anlaşıldı," dedi öfkeli bir ses tonuyla. "Meğer kuşkularım doğruymuş. Beş yıl önce seni terk etmeliydim. Ama çocuklarımız için yapamadım. Dürüst olmanın tadına varamıyoruz şimdi. Dürüst olamamamızın acısı içimi yakıyor. Ne olur! Sürükleme beni de ardından. Bulaştığın pisliğe beni de ortak etme. Senden son bir ricam var. Senin olmadığın yeni hayatımda, 'sorumsuzluk satın almak istiyorum'. Çocuklara babalık görevlerini yap hiç olmazsa. Onların bize ihtiyacı olduğu dönem şimdi. Tek başıma iki çocuğun sorumluluğunu taşıyamam. Beni hiçbir zaman düşünme. Kendime karşı kaybettiğim saygıyı ancak sensiz tekrar bulabilirim."

Kadın biraz daha uzaklaştı adamdan. Adam, karısına sokulmaya çalıştı. Kadın, kocasını itti. "Uzak dur benden. Yılan gibi soğuk geliyorsun artık."

Adamın boşlukta kalan kolu, yavaş yavaş aşağı indi. Bir şey söyleyemedi. O sırada duyulan ezan sesi bile dağıtmaya yetmiyordu karanlığı. Karların aklığı parlatmasa, zifiri karanlık olacaktı gecenin sonu.

"Bak," dedi adam başını karısına çevirdiğinde. "Yalvarırım sana, dinle beni. Anlatacaklarım çok önemli..."

"Önemli olduğundan hiç kuşkum yok," dedi kadın sakince. "Önemli olan şu anda ezanın okunması. Bu gece ellerin bana istemeden de olsa dokundu. Namaz kılmayacak mısın? Git banyoya. Temizlen. Abdestini al..."

"Peki, dediğin gibi olsun," diye cılız bi ses çıktı adamdan.

Adam yataktan doğruldu. Sessizce banyonun yolunu tuttu. Kadın, kendisi ile baş başa kalmıştı. Bir an için üşüdüğünü hissetti. Geceden beri yorgun ve uykusuz kalan vücudunun üstüne yorganı çekti. "İlk yıllar ne güzeldi," diye düşündü.

İLK YILLAR NE GÜZELDİ!

Yağmur çiselemeye başlamıştı. "Hadi koş," dedi Zehra, Ayşe'ye. "Koş, yoksa sırılsıklam olacağız."

Gülüşerek kol kola çalıştıkları bankanın kapısından içeri girdi iki genç kız. Öğle yemek saati arasının bitmesine bir dakika kala Zehra, bankonun arkasındaki masasına oturmuştu. Üç ay olmuştu Zehra bankada çalışmaya başlayalı.

Bir altmış boylarında, sarı saçlı, mavi gözlü, güzel sayılabilecek genç bir kızdı. Aynı zamanda zekiydi ve neşeli bir yapısı vardı. Dost canlısıydı. Her şeyden önce yaşama olumlu bakmayı bilirdi. Sevdiklerine karşı aşırı bağlı ve sadıktı. Şimdilik zararsız gözüken bu huyu gelecekte karşılaşacağı savaşlarda belki de en büyük zayıflıklarından bir tanesi olacaktı.

Bir ay sonra yirmisine basacak olan Zehra, parıldayan gözlerle oturduğu masadan Ayşe'ye dönerek, "Ne güzel değil mi?" diye sordu. "Tam bir ay sonra yılbaşı. Sanki hayat yeni yılla birlikte en baştan başlayacak. Yeni yılın ilk günü benim doğum günüm. Bu cümleyi kaç kez duydun benden, değil mi?"

Bunun üzerine iki genç kız gülüşmeye başladı. Ayşe, Zehra geldiğinden beri ne çok eğlenmeye başladığını düşündü. Sonra kaşlarını sinirliymiş gibi çatarak, fakat dudaklarındaki kıvrılmalara engel olamayarak, "Sanırım üç aydır her gün," dedi.

Ayşe sonra arkadaşının elini tutarak, "İnşallah bin dokuz yüz seksen bir yılı sana mutluluk, huzur ve yakışıklı bir koca getirir. Ama bankacı da olmasın. Mühendis olsun. Mavi gözlü olsun. Uzun boylu olsun."

Zehra hafif sitemkâr bir tavırla, "Kendi hayallerine beni de dahil etme," dedi. Hem ben evlenmeyeceğim. Âşık olmayacağım. Çünkü bu dünyada benimle aynı şekilde nefes alan tek bir erkek yok."

"Aslında böyle diyenden korkmalı. Görünüşe bakılırsa, benden önce evleneceksin sen," diye cevap verdi hınzırca gülümseyen Ayşe.

Tam bir hafta sonra Zafer para yatırmak için aynı bankada sırasını beklerken, o mavi gözleri gördü. O bakışmayla Zafer ve Zehra'nın kaderleri buluşmuştu.

Zafer, yirmi dört yaşındaydı. Sık koyu renk saçlı, esmer tenli ama belki de en önemlisi büyük siyah gözleriyle, güzel bakan bir adamdı. Tıp fakültesi son sınıf öğrencisiydi. Zafer zekiydi, ağırbaşlıydı, biraz utangaç sayılırdı. İnsanlarla konuşmayı severdi. İnsanları dinlemeyi de severdi. Ama bazen dinlediklerinin etkisinde fazlaca kalırdı ki, şimdilik zararsız gibi görünen bu özelliği belki de gelecekte karşılaşacağı en büyük sorunların temelinde yatan bir zayıflık olacaktı.

Zafer bekârdı. O zamana dek evlenmeyi hiç ama hiç düşünmemişti. Birkaç ilişkisi olmuştu elbette, ama hepsi de ciddi bir anlam kazanamadan bitivermişti. Hem üniversitede okuyor, hem de babasının kumaş alıp sattığı dükkânda çocukluğundan beri çalışıyordu. Ama bu iş şu sıralar ona çocukluk yıllarında verdiği hazzı vermiyordu. Özellikle son bir yıldır kendisini okul ve okul bitene kadar çalışmak zorunda olduğu baba işi arasında boğulmuş hissediyordu.

Sırası geldiğinde parasını yatırdı ve kızı bir kez daha, belki biraz daha uzun görme umuduyla bankaya daha önceki ziyaretlerinden tanıdığı Ayşe'nin yanına gitti. Tam Ayşe, Zafer'i masasının önündeki koltuğa buyur etmiş, Zafer de kendi kendine ne kadar saçma hareket ettiğini düşünüp, "Bir merhaba demeye geldim, gidiyordum," cümlesini söylemeye hazırlanmıştı ki, Zehra zarifçe Ayşe'ninkiyle neredeyse bitişik olan masasına oturup yine zarifçe gülümsedi. Bu gülümseyişi takiben Zafer kendini Ayşe'nin karşısında Zehra'nın çaprazındaki misafir koltuğuna otururken buldu.

"Ali Amca nasıl? Hiç uğramıyor kaç haftadır bankaya," diye sordu Ayşe. Daha Zafer cevap veremeden, "Sahi sizin okul ne zaman bitiyor? Aman doktor olmak çok zormuş. Ali Amca anlatıyordu, gece gündüz nasıl çalıştığınızı. Gözleriniz kan çanağına dönüyormuş. Ama pek de övünüyor sizinle. Haklı tabii, haklı," diye devam etti bilmişçe Ayşe.

"Babam iyi. Selamları var. Okul da yaklaşık bir yıl sonra bitiyor inşallah. Sonra ihtisas, şark görevi, ağır bir yol bekliyor beni," dedi gülerek Zafer.

Sonra da daha ileriki zamanlarda o anı düşündüğünde kendisini bile şaşkına çevirecek bir çabuklukla, "Hanımefendi yeni mi başladı işe?" diye sordu Zehra'ya dönerek ve o andan itibaren gözlerini onun gözlerinden bir türlü ayıramayarak.

Cevabı da doğal olarak Ayşe'nin yerine Zehra verdi. Hayatında gördüğü en güzel bakan adama bakarak, "Tam üç ay oldu işe başlayalı. Sanırım sizinle rastlaşmadık hiç," dedi.

"Sanırım," dedi Zafer duyduğu sesin hayatında duyduğu en tatlı ses olduğunu düşünerek ve babasıyla çalıştığına bu kez içten bir kez daha şükrederek.

Zehra ve Zafer Mayıs ayının ilk haftası bin dokuz yüz seksen bir yılında, Zafer'in okulunun bitmesine neredeyse iki ay kala evlendiler. Tabii bu evliliğin gerçekleşmesinde belki de en büyük pay Ayşe'nin olmuştu.

Çünkü o karlı bin dokuz yüz seksen Aralık ayının ilk günlerinden sonra Zafer bankaya daha sık uğrar olmuş, üçü birlikte öğle yemeklerine çıkmaya başlamışlar, iş çıkışı pek çok kez sinemaya gitmişlerdi. Ve en sonunda da Zafer Ayşe'ye, Zehra konusunu açmıştı.

Ayşe, Zehra'ya konuyu ilk defa açtığında ise Zehra önce büyük tepki göstermiş, Ayşe'ye bir daha bu konuyu açmamasını tembihlemiş ve Zafer'den kaçmaya başlamıştı. Ama bu kaçış uzun sürmeyecekti. Çünkü Zehra o güzel bakan gözleri, o gözlerin içine bakarak konuşmayı, gülmeyi, o gözlerin kendisine bakmasını gerçekten de özlemişti. Bunu fark ettiği andan itibaren de Ayşe'ye kendisini evliliğe ikna etmesi için, güya isteksizce, izin vermişti.

Zafer ve Zehra herkese göre dünyanın nadir şanslı çiftlerinden biriydi. Birbirleriyle gerçekten çok iyi anlaşıyor, aynı esprilere saatlerce gülüyor, birbirlerine her an sevgiyle bakıyor, şefkatle yaklaşıyor, pek çok zaman aynı şekilde düşünüyor, fikir ayrılıklarında birbirlerini sakince ikna etmeye çalışıyor ve birbirlerine karşı saygı sınırını asla aşmıyorlardı. Kendilerine göreyse bu dünyada birbirini en çok seven çift onlardı.

Zafer, bir başka erkeğin bir kadını kendisinin Zehra'yı sevdiği kadar sevemeyeceğine inanıyor, Zehra da aynı şeyi kendi sevgisi için düşünüyordu. Bu sevgi herhangi bir biçimde son bulabilir miydi?

"Hayır," diyordu Zehra bir arkadaşına, "Hayır," diyordu Zafer bir arkadaşına.

"Hayatım boyunca Zafer'le yaşayacağım, onunla birlikte nefes alacağım. Benim için onsuzluk artık mümkün değil."

"Hayatım boyunca Zehra'yı seveceğim, kalbim onun kalbiyle birlikte atacak. Benim için yaşam artık onunla var."

Sözleri, nişanları, söz ve nişan bohçaları, kına geceleri, düğünleri, her şeyleri geleneklere uygun bir biçimde ve büyük bir hızla gerçekleşti. Aileler birbirleriyle anlaşmışlar, yeni kız ve oğullarından yana büyük bir mutluluk duymuşlardı. Zehra ve Zafer'in yaşam ortaklıkları artık resmi olarak başlamıştı.

Evliliklerinden iki ay sonra Zafer tıp fakültesinden mezun oldu. O günlerde iki heyecanı birlikte yaşıyordu.

Birincisi, sevdiği kadınla sonsuza kadar birlikteydi artık.

İkincisi ise, doktor olmuştu.

Tek bir hayali kalmıştı şimdi: "İhtisas yapmak."

Bu hayalini gerçekleştirmek için mezun olduktan bir ay sonra uzmanlık sınavına girdi. Fakat sonuç istediği gibi olmadı. Kazanmayı çok istediği sınavı kazanamamıştı. Bu, Zafer için büyük bir hayal kırıklığı yaratmıştı. Şimdilik pratisyen doktor olarak kalacaktı. Bir an için Zehra aklına geldi. "Onu nasıl yaşadığı bu şehirden koparıp peşimden başka diyarlara sürükleyebilirim? Buna ne hakkım var benim?" diye düşündü. İçine büyük bir sıkıntı çökmüştü. Gün bitmek üzereydi. Akşamın karanlığı, koyu gri tondaki gündüzün üstüne çarşaf gibi serilmeye başlamıştı.

Gözü bir anda büfede duran tekel votkasına ilişti. Ayağa kalktı. Boş bir kadeh aldı. Bir duble sek votka koydu. Fondip yaptı. Bir an nefes alamadığını ve ciğerlerinin yandığını hissetti. Bir sigara yaktı. Zehra'ya yıkılan hayalini nasıl anlatacağının kötü düşünü kurdu onu beklerken.

7

Zehra ise o sırada kirayla oturdukları apartman dairesinin üçüncü katına merdivenlerden çıkıyordu. Nefes nefese kalmıştı. Kendi kendine söylenmeye başladı: "İyi ki beş katlı binanın en üst katında oturmuyoruz. Her gün bu merdivenleri inip çıkmak bir ölüm."

Evlendiklerinde aile büyüklerinin yardımı ile birkaç parça eşya almışlar, biraz da eşe dosta borçlanmışlardı. Daire kapısının önüne geldiğinde çantasından anahtarı çıkardı. Zafer, kapıda bir tıkırtı sesi duydu. Zehra'nın geldiğini anlamıştı. Oturduğu somon rengi koltuktan kalkmadı. Zehra kapıyı açtı. İçeri girdiğinde salondan bir müzik sesinin geldiğini duydu.

"Sen misin aşkım?"

"Evet."

"Evde olduğunu bilmiyordum." Daha sonra hafif sitemkâr bir tavırla, "İnsan oturduğu yerden kalkar da biricik karısını kapıda karşılar. Yoksa benim aşkım benden sıkıldı mı?" diye sordu.

Zafer oturduğu yerden hemen kalktı. "Hayır aşkım. O ne biçim bir söz? Kusuruma bakma. Bugün biraz moralim bozuk."

Zehra, Zafer'i gördüğünde büyük şaşkınlık içindeydi. "Ne oldu sana böyle? Bu saatte bu içki kadehi de neyin nesi? Kötü bir şey mi oldu?"

"Evet," dedi Zafer. "Sınavın sonucu açıklandı. Kazanamamışım."

O andan itibaren oluşan sessizlik, salonda yankılanan müziğin sesini bile bastırmıştı. Ağızlarını bıçak açmıyordu. "Bu bir oyun mu?" diye düşündü Zehra, eski çocukluk günlerindeki gibi: "Tıp oyunu."

· Sessizlik korkutmaya başlamıştı Zehra'yı. Zafer'in ellerine uzandı elleri. Sımsıkı tuttu. "Hadi, oturalım. Sessizliğe değil konuşmaya ihtiyacımız var," dedi.

Her ikisi de derin bir nefes aldıklarını hissetti. Aldıkları bu derin nefes, âdeta hayatın kalan yerden devam ettiğinin işaretiydi onlar için. Salonda yankılanan müzik bu sefer intikam alırcasına, sessizliği kovmaya başlamıştı.

"Eee," dedi Zehra, kocasına. "Dünyanın sonu gelmedi ya!. Mutlaka bir planın vardır. Bundan sonra bizi nasıl bir gelecek bekliyor?"

Zafer, başını Zehra'nın omuzlarına yasladı. Sesi çatallaşmıştı. "Çok fazla bir seçeneğimiz kalmadı. Oturduğumuz ev bile kira. Bu saatten sonra ne babamın ne de senin sırtından geçinmeyi düşünebilirim. Bir sonraki sınava daha neredeyse bir yıl var. Devlete müracaat edeceğim. Tayin isteyeceğim."

Zehra kendini tutamayarak ağlamaya başladı. "Sus," dedi kocasına. "Allah aşkına sus. Doğruyu söyle. Şu anda ne düşünüyorsun?"

"Hiç," dedi Zafer. "Hiç..."

"Ama ölümü gör doğruyu söyle. Hani evliliğimizin ilk ayında tekrarladığımız bir yeminimiz vardı. Birbirimize yalan söylemeyecektik."

Sustular ansızın. Güçlü bir yumruk gelip göğüslerine indi. Bir topak ayva, boğazlarında düğümlendi sanki. Zehra, o akşam Zafer'in beyninden geçenleri okumuştu. Artık Zafer çalışmasını istemiyordu. Kendisi karı parası yemeyi kabul etmemişti ama Zehra'nın koca parası yemesini istemişti. Bu aynı zamanda Zehra'nın çok sevdiği ailesini ve İstanbul'u bir süreliğine terk etmesi anlamına geliyordu.

Bir ay sonra Zafer'in Kars'ın Sarıkamış İlçesi'ne tayini çıktı. Mevsimlerden sonbahardı. Arkadaşları ile vedalaşmak için haftanın son günü son kez işe gitti Zehra. Ayrılık acısı içini yakmıştı. Bir an o kalabalığın içinde Ayşe ile göz göze geldi. Kısa bir süre birbirlerine baktılar. İkisinin de gözlerinden aynı anda yaşlar dökülmeye başladı. Bu son gün onun için belki de hayatının en uzun günüydü. Bir türlü akşam olmuyordu. Akşam olduğunda ise işyerindeki çalışma arkadaşları küçük bir hoşça kal partisi yaptılar. Herkesle tek tek vedalaştı. En sona Ayşe'yi saklamıştı. Birbirlerine tek kelime bile etmeden sıkıca sarıldılar. Bankanın kapısından son kez çıkarken, Ayşe'ye döndü: "Beni unutma. Sana sık sık mektup yazacağım. Sen de bana yaz," dedi ağlayarak.

Üç gün sonra...

Sarıkamış'a ilk geldiğinde küçük bir şaşkınlık içerisindeydi Zehra. Her taraf çam ağaçlarıyla kaplıydı. Sonbahar mevsimi yeşilin koyu tonunu kırmış, sarı rengini serpiştirmişti ağaçların arasına. "Hiç böyle bir yer beklemiyordum," dedi Zafer'e. "Bakar mısın çevrene? Her taraf ağaçlarla dolu. Kış ayı güzel olmalı buralarda. Kar yağdığında ağaçlar bembeyaz bir gelinlik giyeceğe benziyor."

Zafer bir an için mutlu oldu. Bir haftadan sonra Zehra'nın kendisiyle doğru dürüst ilk konuşmasıydı bu. "Beğendiğine sevindim. İlk izlenim çok önemli biliyorsun," dedi elini Zehra'nın eline değdirirken.

Topraklı yoldan oturacakları yeni eve doğru giderken, çevresini incelemeye başladı Zehra. Doğru dürüst yolu bile yoktu ilçenin. Her tarafı toz bulutu kaplamıştı. Caddenin ortasında başı boş gezinen inekleri gördü. Boyunlarında taşıdıkları kocaman çıngırakların çıkardığı ses bu bölgenin bilinen müziği gibiydi.

Evler genelde bakımsız ve tek katlıydı. Kışın çok fazla kar yağdığı için çatılar yere dik iniyordu. Apartmanlar yok denecek kadar azdı. Var olanlarda ise daha çok devlet memurları oturuyordu. Zafer ile Zehra da bu apartman dairelerinden birine taşınmıştı.

Kendileri gelmeden bir hafta önce gönderdikleri eşyalar eve sağlık ocağının müstahdemi ve karısı tarafından gelişi güzel yerleştirilmişti. İstanbul'daki oturdukları daire gibi küçücüktü. İstanbul'daki daireden tek farkı, kaloriferin olmamasıydı. Kömür sobası vardı. Zehra daha önce hiç soba yakmadığını düşündü. Çok yorgundular. Otuz altı saatlik otobüs yolculuğu ikisini de yormuştu. O gün hiçbir şeye ellerini sürmediler.

Erkenden yatağa girdiler. Zafer yastığa kafasını koyar koymaz horlamaya başladı. Zehra'yı ise bir türlü uyku tutmuyordu. Yattığı yeri kendi evi gibi hissetmiyordu. Sabaha kadar bir sağa bir sola dönüp durdu. Sonunda uykuya dalabildiğinde Zafer kalkmış ve işe gitmek için yola koyulmuştu.

Öğlene doğru Zehra uyandı. Kahvaltı yapmak istedi. Buzdolabını açtı. Dolap bomboştu. Bir çay koydu. Pencereden dışarı baktığında Zafer'in ellerinde poşetlerle geldiğini gördü. Hemen kapıya doğru koştu. Zafer'in elindeki poşetleri aldı. "Çok acıktın mı?" diye sordu Zafer.

"Bilmem," dedi Zehra.

"Daha yeni uyandım. Evde çaydan başka hiçbir şey yok. Alışveriş yapmamız gerekiyor."

"Ben kahvaltılık birkaç parça öteberi aldım. Akşam işten erken çıkarım. Birlikte alışveriş yaparız. Şimdilik bunlarla idare edelim."

"Senin günün nasıl geçiyor?"

"Eh işte," dedi Zafer. "Küçük bir sağlık ocağı. Topu topu iki doktoruz. Diğer doktor arkadaş da bir yıldır buradaymış. Bekârmış. Evli olmasını isterdim. En azından karısı sana arkadaşlık ederdi. Hemşiremiz bile yok. Müstahdem her işe koşturuyor. O da doğal olarak söylenip duruyor. 'Hemşire miyim yoksa müstahdem miyim?' diye. İnsanlar çok sıcakkanlı. Hasta kadının birisi tutturmuş, 'İllâ size yarın köy yumurtası getireceğim' diye. Durumu ağır olan hastalara ise bir şey yapamıyoruz. Kars'a ya da Erzurum'a sevk ediyoruz. Önümüzdeki yıl ihtisas sınavını kazanmaktan başka bir çaremiz yok. Bir an önce buralardan gitmemiz gerek."

Sarıkamış'ta zaman kavramını yitirdiğini Zehra çok geçmeden anlamıştı. Tek yaptığı şey Zafer'in akşamları eve gelişini beklemekti. Öğle vaktine kadar uyuyor, bütün gün kendini dinleyerek zaman geçiriyordu.

O günlerden birinde, yine bir öğle vaktine doğru uyanmıştı. Akşamdan sobaya koyduğu kömür gece sönmüş, evin içi buz kesmişti. Yataktan doğruldu. Kömür almak için balkona çıktığında esen rüzgârın soğuk dili yüzünü yaladı. Dışarıda tipi vardı. Geceden beri yağan kar, bir çuval kömürün üstünü kaplamıştı. Kömürü aldığı gibi içeri girdi. Sobayı zar zor da olsa yaktı.

Mutfağa geçti. Çaydanlığı ocağın üstüne koydu. Bir tepsinin içine birkaç tane zeytin, bir dilim peynir koydu. Sobanın üzerinde kızartmak için bir dilim ekmek kesti.

Odaya girdiğinde kömür iyice tutuşmuştu. Soba ısısını yaymaya başlamıştı. Elindeki tepsiyi sehpanın üzerine bıraktı. Odanın perdesini sağ tarafa doğru çekti. Pencereden dışarı baktığında dalları karla kaplı çam ağaçlarını gördü. Sarıkamış'a geldiğinden beri ilk kez hayranlık duydu yaşadığı bu yere. Çaydanlığı ocaktan alarak, sobanın üstüne koydu. Sobanın içindeki kömür çatırdayarak yanıyordu. Sehpanın üzerinde tepsinin içinde duran zeytinden bir tane alıp ağzına attı. Bir bardak çay koydu. Somon rengi koltuğu pencerenin önüne doğru çekti. Gördüğü harika manzaranın karşısına oturdu. Çayından bir yudum aldı. Nedense o an yanında Ayşe'nin olmasını istedi. Ayşe'ye geldiğinden beri bir mektup bile yazamamıştı. Ona haksızlık yaptığını düşündü.

Oturduğu yerden doğruldu ve eline bir kalem ile kâğıt aldı.

Canım Ayşe,

Ne çok özledim seni, ne çok...Umarım iyisindir, sağlığın
yerindedir. Umarım sana kaç zamandır yazmadım diye bana
kırgın değilsindir.

Yazamadım, çünkü sana ne anlatacağımdan pek emin de-
ğildim. Çok iyiyim, her şey yolunda diye yazmak da isteme-
dim; çünkü sen içimden geçenleri bilmeyi hak ediyorsun ve ak-
si sana haksızlık olurdu. Sorun Zafer değil korkma. Sorun
içimde büyüyen boşluk.

Zafer buraya geldiğimizden beri imkânsızlıklarla boğuşuyor
ve onu gerçekten takdir ediyorum. Çok çalışıyor, çabalıyor.
Bense hiçbir şey yapmıyorum. Hiçbir şey! Günün yarısında
uyanıp yemek yapıyorum. Arada çarşıya çıkıyorum. Anlaya-
cağın en büyük uğraşım evdeki eşyaların yerlerini değiştirmek,
ne yemek yapacağımı düşünmek ve Zafer'in eve dönüşünü
beklemek oluyor. Kendime güvenim azalıyor sanki, kendimi
Zafer' in yanında işe yaramaz, yetersiz gibi hissetmeye başlı-
yorum. Sanki beynim uyuşmaya başlıyor, tembelleşiyorum
iyice: Beraber aldığımız kitaplardan bir tanesinin kapağını bile
açmadım hâlâ. Bilirsin ne çok severim okumayı. Ama canım
istemiyor işte. Çalıştığım, kendime ait bir hayatım olduğu
günleri özlüyorum.

Zafer'e bu duygularımdan henüz bahsetmedim. Onu çok
seviyorum. Zaten bizim için çok çalışıyor. En son istediğim şey
kafasını bulandırmak, bir de benim sıkıntımı üzerine yükle-
mek. Biliyorum ki yapmam gereken kendine özgü, neşeli Zeh-
ra'ya sahip çıkmak. Sadece bunun için bir dayanağa ihtiyaç
duyuyorum. Bilmiyorum şımarıkça mı davranıyorum Ayşe
sen söyle? Benim çok sevdiğim ve beni çok seven bir adamla
evliyim ve hayat kimse için güllük gülistanlık değil. Sabretme-
liyim biliyorum ama bu boşluktan da kurtulamıyorum.

Canını sıktım değil mi? Ama bunları ailemle paylaşamam,
dediğim gibi Zafer'le de. Hem güzel şeyler de oluyor burada.

İnsanlar çok sıcak. *Doğa muhteşem. Bazen saatlerce ağaçları seyrediyorum. Zafer'le bahçelerde yürüyüşe çıkıyoruz. Bu mevsimde keskin bir soğuk var Sarıkamış'ta. Her yer karlarla kaplı. O kadar güzel ki görüntü, tıpkı kartpostallardaki gibi.*

Uyanınca ilk işim, camı sonuna kadar açıp, soğuğa aldırmadan tertemiz havayı içime çekmek oluyor. Kendimi sanki yenilenmiş gibi hissediyorum o zamanlar. Bir de burası çok sakin, dinlendirici. Fakat, bazen İstanbul'u, sokaklarda koşturan insanları, o karmaşayı, en çok da sahilde yürümeyi özlüyorum.

Zehra daha fazla yazamadı. Kendini bir tuhaf hissetti. Midesi bulanıyordu. Aç karnına içtiği demli çayın dokunduğunu düşündü. Tepside duran peynire elini uzattı. Bir dilim peynir alıp ağzına attı. Peyniri yemesiyle birlikte kusmaya başladı. Eliyle ağzını kapatmaya çalışıyordu ama nafile. Olduğu yere diz çöktü. Ağlamaya başladı. Her taraf kusmuk içinde kalmıştı. Bir süre öylece kalakaldı. Yerinden doğruldu. Banyodan bir kova su ile bir bez getirdi. "Kendime durduk yerde iş çıkardım," diye içinden geçirdi; içinde taşıdığı ikinci canı bilmeden.

ÇOCUKLAR

Hızlı adımlarla bir ileri bir geri yürüyordu Zafer. Duvarda asılı olan saate bakarken, zaman geçmek bilmiyor gibiydi. Sabahtan beri yaptığı şeyi yaptı. Sigara paketini cebinden çıkardı, bir sigara yaktı. Paketin içinde kalan sigaraları saydı. Bir, iki, üç... Sigara paketinde altı tane sigara kalmıştı.

Yine yürümeye başladı uzun koridorda. Sonra yere çömeldi. Yüzünü ellerinin arasına aldı. Bir süre öylece kaldı.

O sırada doğumhanenin gri kapısı açıldı. "Hele şükür," dedi hemşireyi karşısında görünce. "Gözünüz aydın. Bir oğlunuz oldu. Annenin durumu da gayet iyi," dedi gülerek hemşire.

Bilge'nin dünyaya gelişinden dört yıl sonra işte şimdi Barış doğmuştu. Heyecandan ne yapacağını bilemedi. Aklına gelen ilk şeyi yaptı. Hastanenin karşısındaki bakkala kadar koşup, her zaman yaptığı gibi çikolata aldı kızı Bilge'ye.

15

Beş yıl önce...

Sarıkamış'ın o soğuk ve karlı gününde Zehra, gün boyunca mide bulantısı geçirip durmuştu. Zafer o öğle eve gelmemiş, iş yerinde kalıp ihtisas sınavı için ders çalışmıştı. Neredeyse akşam olmak üzereydi. Kar, yer yer kristal gibi parlıyordu. Bu parlaklık karın üstüne düşen karanlığın gölgesini aydınlatıyordu sanki. Zehra hastaneye gitmek için hazırlandı. Beresini ve eldivenlerini taktı. Uzun ve pembe olan atkısını boynuna sardı iyice. Hastane, birkaç yüz metre ilerideydi oturdukları eve.

Hastane kapısından içeri girdiğinde, hiçbir şey hissetmiyordu. Vücudu buz kesmişti. Zafer son hastasını muayene ediyordu. Bir anda karşısında Zehra'yı görünce çok şaşırdı.

Hastanın reçetesini yazıp yolcu ettikten sonra, iki çay söyledi. "Buraya hangi rüzgâr attı seni?" diye soracakken, bir çırpıda bütün gün midesinin bulandığını ve kustuğunu söyledi Zehra. Bir anda panikledi Zafer. Hemen yandaki odaya geçti. Bir şırınga iğnesi ve boş bir tüple odaya girdi. "Acaba," diye fısıldadı kendi kendine. "Hamile olabilir miydi?" Duyduğu bu şüpheyi öylemedi Zehra'ya. Boşu boşuna heyecanlanmasını istemedi. "Bu ayki regl döneminde bir gecikme oldu mu?" dedi Zafer. "İmkânsız," der gibi baktı Zehra, daha birkaç gün var gibisinden. Zafer bir şırınga kan aldığı gibi hemen yan odaya geçti. Bir süre sonra koşarak odaya girdi. Zehra'yı kollarından kavradığı gibi kendine doğru çekti. Yanaklarından öptü. Daha sonra bir damla gözyaşı, Zehra'nın dudaklarına yağmur damlası gibi düştü. Bu gözyaşının ne anlama geldiğini Zehra çok iyi anlamıştı. O zamana kadar hissetmediği bir duyguyu hissetmişti: "Annelik duygusunu."

O günün gecesi Zafer kararını çoktan vermişti. Zehra en yakın zamanda İstanbul'a ailesinin yanına dönecekti. Zehra hamilelik günlerini Sarıkamış'tan uzakta, İstanbul'da, ailesinin yanında geçirirken, Zafer ise kendisi için tek çıkış yolu olan ihtisas sınavına hazırlanıyordu.

Zaman su gibi akıp geçmişti. Zafer ihtisas sınavına girmiş, sonucunu beklemeye başlamıştı. O günlerde çift taraflı bir heyecan kaplamıştı içini.

Zehra'nın doğum yapmasına çok az bir zaman kala, İstanbul'a geldi Zafer. İlk çocukları Bilge, dünyaya gözlerini açtığında Zafer'e uğuru ile birlikte geldi. Bilge'nin doğumundan üç gün sonra ihtisas sınavı sonucu açıklanmıştı. Sınav kâğıdında, "İstanbul Üniversitesi Çapa Tıp Fakültesi Cerrahi Bölümü," yazıyordu.

Bilge iki yaşına bastığında dalgalı uzun sarı saçları, ela gözleri ve bembeyaz teni ile annesini andırıyordu. Kızının artık büyüdüğüne inanmıştı Zehra. Şimdi kendisini mutlu eden şeyi yapması gerekiyordu. Tekrar bir işe girip çalışmalı ve kaybettiği güveni geri kazanmalıydı.

Bir akşam yemeğe oturduklarında aldığı bu kararı Zafer'e söyledi. İlk önce duymamış gibi yaptı Zafer. Yemeğini yemeye devam etti. Tabaktaki patatesi çatala geçirerek kızı Bilge'ye, "Benim güzel kızım. Hadi aç ağzını. Bir ham yap da baba görsün," dedi.

Masadan sinirle kalktı Zehra. Âdeta burnundan soluyordu. Bir duble viski koydu. Arkasından bir sigara yaktı. Yeni aldıkları açık kahverengi koltuğa oturdu. "Çalışmak istiyorum," dedi normalden yüksek bir ses tonuyla Zafer'e. "Çok şey mi istiyorum? Annem çocuğa bakabileceğini söyledi."

Zafer sinirli bir sesle, "Bak hele sen Allah'ın işine. Benim kızım büyümüş de annesine ihtiyacı kalmamış. Ben seni başka kadınların ellerinde büyütür müyüm hiç?" dedi kızının ağzına zorla yemeği koyarken.

Zehra ağlamaya başladı. "Sen benim anneme 'başka kadın' diyemezsin. Bilge'nin bu yaşa gelmesinde dünya kadar emeği var. Sen uyurken, benimle birlikte çoğu gece sabaha kadar uykusuz kaldı kadıncağız. Nankör olma. Sen ne konuştuğunu bilmiyorsun. Annemi bu işe karıştırma," dedi ve elindeki viski kadehini sehpaya bıraktıktan sonra yemek masasından Bilge'yi kaptığı gibi odasına götürdü.

Zafer ertesi günün akşamı yorgun argın eve dönerken, elinde bir demet kırmızı gül ile bir şişe kırmızı şarap vardı. Zehra kapıyı açtığında bir elin kendisine doğru uzandığını gördü. Zafer'in uzattığı gülleri alırken, cılız ama kendinder emin sesini duydu: "Seni seviyorum aşkım."

Zafer o akşam daha ılımlıydı Zehra'ya karşı. Çalışıp çalışmama konusunda ısrarlı olup olmadığını sordu. Zehra ısrarla çalışmak istediğini söyledi. Ama ne tür bir iş yapacağını o ana kadar hiç düşünmemişti. "Bilmiyorum," dedi başı eğik bir şekilde.

"Peki," dedi Zafer. "Özel bir hastanede halkla ilişkiler müdürü olarak çalışmak ister misin?"

Birkaç gün önce doktor bir arkadaşı böyle bir iş olanağından bahsetmişti Zafer'e. Zehra kendisine sunulan teklifi kabul ederken, o sevinçle Zafer'in boynuna sarıldı sıkı sıkı. "Sen dünyanın en iyi kocasısın," dedi yanağından öperken.

Zehra'nın işe başlamasından tam bir ay sonra Zafer her zamanki gibi erkenden hastaneye gitti. Her Salı günü yaptığı gibi ilk işi ameliyat çizelgesine bakmak oldu. Çizelgede üç tane ameliyat gözüküyordu. Sonra asistan arkadaşları ile paylaştığı hastanenin üçüncü katındaki odasına çıktı. Çantasını odaya bıraktı. Koridora çıktı ve asansörü beklemeye başladı. Asansör kapısı açıldığında karşısında Sedat Hoca'yı buldu.

"Günaydın hocam," dedi gülümseyerek. "Hazır mısın?" diye sordu hocası. "Bugün yoğun bir gün. Özellikle ikinci ameliyat bizi biraz yoracak."

"Hiç endişeniz olmasın," dedi Zafer.

O sırada asansör ameliyathanenin eksi ikinci katında durdu. Zafer geriye doğru bir adım attı. Elini hafifçe yukarı doğru kaldırarak, "Buyurun," dedi hocasına yol verirken. Hocası önden yürürken Zafer'e seslendi: "Öğleden sonra saat dört gibi odama gel. Seninle konuşmak istiyorum."

Bütün ameliyatlar bittiğinde saat 15:30'u gösteriyordu. Zafer ameliyathaneden çıktığı gibi asansörü bile beklemeden merdivenleri hızlı hızlı çıkarak odasına koştu. Lavaboda ellerini ve yüzünü yıkadıktan sonra, üstünü değiştirdi. Bütün gün Sedat Hoca'nın kendisiyle ne konuşacağını merak etmişti. Dolabı açtı, Alain Delon marka parfümünü sıktığı gibi kendisini iki kat aşağıda hocasının odasının önünde buldu. Kapıyı çaldı. İçerden hocasının sesi duyuldu. "Gir."

İçeri girdi. O sırada hoca söyleniyordu. "Bu s...tiğimin pipo çakmağını her zaman bir yerlere koyuyorum sonra da bulamıyorum. Şimdi ara da bul. Nereye koyduk acaba?"

Zafer elindeki çantayı yere bıraktı. Masanın üzerinde dağınık halde duran kitap ve fotokopi kâğıtlarının arasında çakmağı aramaya başladı. Sedat Hoca yine söylenmeye başlamıştı; "Oda oda değil ki! Şu masanın üstüne bir baksana. Arap saçı gibi. Bir şey aramaya kalk, birkaç günde zor bulursun. Bir de hoca olacağız. Hastalara sigara içtiği için kızıyoruz, kendimiz içiyoruz. Boş ver, arama artık," dedi burnundan solurken.

Sedat Hoca siyah çizgili ceketini giydi. "Hadi çıkalım," dedi. "Baltalimanı tesislerine gidiyoruz. Canım nasıl da balık ve rakı çekti. Bir kadeh rakı içer, biraz da laflarız."

"Peki," dedi Zafer hiç itiraz etmeden. Zaten itiraz etmek gibi şansı da yoktu.

Öğretim üyelerine ait otoparka doğru yürürlerken, "Al şu anahtarı. Arabayı sen kullan," dedi hocası. Arabaya geldiklerinde arka kapıyı açıp, "Buyurun," dedi hocasına.

19

Sedat Hoca elindeki çantayı arabanın arka koltuğuna doğru fırlatıp, "Boş ver arka koltuğu. Ön koltukta oturacağım. Yolda biraz muhabbet ederiz."

Sedat Hoca ön kapıyı açıp içeri bindiğinde kıyamet koptu. "Bak oğlum bak! Allah aşkına bir bak! Bir saattir aradığımız çakmak nereden çıktı. Bunadım artık."

Daha sonra Baltalimanı'na doğru yola koyuldular. Sedat Hoca emniyet kemerini çıkardı. Oturduğu yerde ceketini çıkarmaya çalıştı. "Bizde de akıl yok vallahi. Yazın bu sıcağında ceket giyiyoruz. Kan ter içinde kaldık. Camları açmak da fayda etmiyor. Baksana dışarıdan sıcak hava yüzümüze nasıl üflüyor? Bir de yürüyen şu kırmızı mini etekli, kumral, alımlı kadına baksana. Kalp krizi geçireceğiz sayesinde. İnsanın bir an yüreği hopluyor."

Zafer kıs kıs gülmeye başladı.

"Öyle gülme," dedi hocası. "Bir deyim vardır; kurt kocayınca kuzuların maskarası olurmuş."

Beşiktaş'a geldiklerinde kırmızı ışıkta durdu Zafer. Yüzlerce yayanın önünden karşıdan karşıya geçip gitmesini bekledi.

"Görüyor musun?" dedi hocası koşturan insanları işaret ederek. "Durağan hiçbir anımız yok Zafer. Allah'a inanır mısın?" diye sordu ansızın.

"Evet," dedi Zafer arabanın gaz pedalına basarken.

"Oysa, ben senin yaşındayken inanmazdım," dedi hocası. "Ateisttim. Sonra ameliyathaneye girip operasyon yapmaya başladığımda inancım tümden değişti. İnsan anatomisini görünce ister istemez inanıyorsun. Böyle mükemmel bir vücudu mutlaka tasarlayan biri vardır diye."

Arnavutköy civarına geldiklerinde denizin masmavi ve dalgalı sularında parlayan güneş ışıklarını görünce sustu Sedat Hoca. Portakal rengi, büyük bir yük gemisi Boğaz'daki yalıları yalayarak geçiyordu. Sahil kenarı balık tutan insanlarla doluydu. Kimisi yakaladığı balığı çekerken, kimisi de denizin derin sularına oltalarını sallıyordu.

Üniversitenin tesislerine geldiklerinde şef garsonu yanına çağırdı Sedat Hoca: "Şöyle deniz kenarında bir masa ayarla bize. Yosun kokusunu içime çekmek istiyorum."

Şef garson, "Emriniz olur sevgili hocam," dedi ve diğer garsonlara masayı hazırlamaları için el kol işareti yaptı. Birkaç dakika sonra sofra hazırdı. Hoca'nın devamlı rakı içtiğini bilen şef garson masayı mezelerle donatmıştı. Sedat Hoca her zaman yaptığı gibi rakı kadehini burnuna götürüp kokladı. "Şu meretin kokusuna bayılıyorum. İnsanın aklını başından alıyor. Hadi hoş geldin. Şerefine kaldırıyorum Zafer Efendi."

Sedat Hoca rakısından bir yudum aldıktan sonra, "Asistanım olarak fakültede kalmanı istiyorum. Akademik kariyer yapmalısın. Çok zeki bir öğrencisin. İlerde bir gün çok iyi bir cerrah olacaksın. Bu teklifimi iyice bir düşün," dedi ansızın.

Zafer duyduklarına inanamadı. Şaşkınlıktan ne diyeceğini bilemedi. Sedat Hoca'nın böyle bir teklifle geleceğini hiç düşünmemişti. Çünkü zor beğenen birisiydi. Kendini toparlayarak, "Bu teklifle beni onurlandırdınız hocam," diyebildi ancak.

"Acele etme. Yaptığım teklifi iyice düşün. Madem ki evlisin, karının da onayını almalısın."

İlerleyen saatlerde masaya birkaç hoca daha gelmişti. Saat akşamın 20:00'ini gösteriyordu. Zafer'in gizliden gizliye saatine baktığını gören Sedat Hoca, "Bu akşamlık bu kadar yeter. Evli adamsın. Karın seni bekler. Hadi sen git. Kendim eve dönerim."

Zafer, "Ama hocam," diyecekken Sedat Hoca, "Lafı uzatma. Biz yaşlı kurtların muhabbeti bitmez. Yarın sabah vizitede görüşürüz," dedi.

21

Zafer bir taksiye atladığı gibi eve geldi. Eve gelirken de sokağın köşesindeki çiçekçiden bir demet beyaz papatya almayı unutmadı. Sevinçten yerinde duramıyordu. Âdeta kuş olup uçacak gibiydi. Bir an önce eve gidip bu iyi haberi paylaşmak istiyordu Zehra'yla Kapı çaldığında Bilge, babasının geldiğini anlayarak sevinçten çığlık attı. Kapıyı açar açmaz ikisi de aynı anda birbirlerinin boynuna atladı. "Sürpriz," dedi Zafer'i öperken Zehra. "Bugün ne oldu bil bakalım?"

"Bilmem."

"İlk maaşımı aldım. Çok sevdiğin kırmızı şarabın seni bekliyor sofrada."

Zafer elindeki papatyayı uzatırken, "Bir tek kutlama yapan sen değilsin. Bil bakalım bugün ne oldu?"

"Bilmem aşkım. Çabuk söylemezsen ölümü gör! Nooolur çabuk söyle."

"Sedat Hoca asistanlık teklif etti."

O anda heyecandan çığlığı bastı Zehra:

"İnanmıyorum. Bu harika bir teklif."

"Dur bir dakika. Daha ortada fol yok yumurta yok. Bir düşüneceğim."

Kaşlarını çattı Zehra.

"Ne demek daha düşüneceğim? Bundan daha iyi bir teklif mi olur? Daha neyi düşünüyorsun ki? Tabii ki kabul edeceksin."

YÜZLEŞME

꧁꧂

Bin dokuz yüz doksan iki yılında Bilge onuncu yaşına basmıştı. Zafer doçent olmak için gün sayıyordu. Zehra ise çalıştığı hastaneden ayrılmış, daha büyük bir hastanenin halkla ilişkiler müdiresi olarak göreve başlamıştı. Zamanının büyük bir bölümünü hastanede geçiriyordu. Her gün sabahın yedisinde uyanıyor, akşam saat dokuz-onlara kadar çalışıyordu. Hafta sonları da çoğu zaman işe gidiyordu. Evdekilere hiç zaman ayıramıyordu. Evdeki herkes bu durumdan şikâyetçiydi. Aslına bakarsanız Zehra da mutsuzdu yaşadığı bu yoğun tempodan. Şikâyetçi olmasına şikâyetçiydi ama çalışma hayatındaki başarısı onu mutlu ediyordu.

Bu arada Zafer meslek hayatının en sıkıntılı dönemlerinden birini yaşıyordu. Doçentliği için gün sayarken hiç bilmediği bir gerçekle karşılaştı. Fakültedeki hocalar arasında gruplaşmanın tam ortasında kalmıştı. Bölümün en etkili isimlerinden biri olan Dekan Yardımcısı Burhan Hoca, doçentlik unvanı için önünü kesmişti.

Burhan Hoca, Zafer'i bir sabah odasına çağırdı. "Bak oğlum," dedi. "Doçentliğin için müracaat etmişsin. Aslında bu yıl senin hakkın ama gel gör ki burada işler böyle yürümüyor bazen. Bu yıl yaş haddinden emekliye ayrılacağım. Biliyorsun oğlum Cengiz de bu bölümde doktor senin gibi. O da doçentlik için müracaat etti. Bu yıl doçent doktor olması için elimden gelen her şeyi yapacağım bir baba olarak. Sedat Hoca'nın grubundansın. Yani bizim karşı grubumuz. O nedenle ben buradan gitmeden, Cengiz'in önünü açmak zorundayım. Yoksa benim yüzümden onu süründürecekler bu fakültede. Şayet bu yıl doçentliğini alırsa daha rahat edecek. Daha güçlü olacak."

Zafer'in yüzü kireç gibi oldu. Ne söyleyeceğini bilemedi. Odadan çıkmak için ayağa kalktı. Kapıya doğru yöneldi. Tam odadan dışarı çıkacakken hocaya gözlerini dikti ve, "Sistem her zamanki gibi hak gözetmeksizin dosdoğru işliyor. Katkılarınızdan dolayı tebrikler hocam," dedi ve hızlıca odayı terk etti.

Koridorda yürürken sürüsünü kaybetmiş bir çoban gibiydi. Hiçbir şey düşünemiyordu. Ne yapacağı konusunda en ufak bir fikri yoktu. Koridorun sonuna geldiğinde Sedat Hoca'nın isminin yazılı olduğu kapının önünde durdu. Ceketinin önünü ilikledi. Kapıya vurdu. Tık, tık, tık...

Kapı kilitliydi. "Salak herif bu saatte hoca burada ne gezer," diye içinden geçirdi ve arkasını döndüğü gibi merdivenlere doğru yöneldi. Merdivenin başına geldiğinde arkasından bir ses duydu.

"Sen misin Zafer?"

"Evet hocam."

"İçeri gel."

Tekrar geri döndü. Odaya girdiğinde bir sandalye çekip oturmasını söyledi Sedat Hoca. "Bu ne surat böyle? Karadeniz'de gemilerin mi battı?"

Zafer başını aşağıda tutuyordu. İki elini bacağının arasına sıkıştırmıştı. Göz göze gelmekten kaçındı. Sedat Hoca'yla göz göze geldiği zaman ağlayacağını biliyordu. Bir şey söylemedi. "Kaderin ne kadar da benimkine benziyor," dedi hocası. "Haksızlığa uğramak kadar büyük bir haksızlık olamaz. Zamanında ben de çok büyük haksızlıklara uğradım. Yılmadım, savaştım. Sözde bilim adamıyız ama politikacılardan hiçbir farkımız yok. Onlar da adam kayırıyor biz de. Onlar da gruplaşma içinde biz de. Onlar da güçlü olmak istiyor biz de. Bir türlü değişmiyoruz. Böyle olunca da gelişmiyoruz. Bu durumu kabul etmekten başka bir seçeneğin yok. Adam dekan yardımcısı. Kafasına koymuş. Gider ayak oğluna bu unvanı verecek. Önümüzdeki yıl dekanlık seçimi var. Bizim başını çektiğimiz grup dekanlığı kazandığında sana bu unvanı ben kendi elimle vereceğim. Biraz sabredeceksin."

Hiçbir şey söylemedi, söyleyemedi Zafer. Her zaman yaptığı gibi sustu. İçine attı. Sedat Hoca'yı dinledikten sonra iyice umutsuzluğa kapıldı. Gerçek ortadaydı. Ağzı ile kuş tutsa bu yıl doçentlik unvanını alamayacağını biliyordu. Tanrılar böyle istememişti ama hocalar böyle istemişti.

Yalnızlık duygusu yavaş yavaş yüreğinin bir köşesinde yuva yapmaya başlamıştı. Yaşadığı bu durumu Zehra ile konuşup ona haykırmak istiyordu: "Bu kokuşmuş düzen beni çıldırtıyor, isyankâr yapıyor. Hakkımı resmen gasp ettiler."

Zafer'in içinde günden güne hiç dinmek bilmeyen fırtınalar kopmaya başladı. Bu fırtınayı dindirmek için birkaç kez Zehra ile konuşmayı denedi. Ama her defasında başarısız oldu. Zehra ya yoğun bir şekilde çalışıyordu ya da aşırı yorgun oluyordu. O anda en yakınında olması gereken insan aslında en uzaktaydı.

Cumayı cumartesiye bağlayan bir gece vakti ansızın kan ter içinde uyandı. Yataktan doğruldu. Parmak uçlarına basarak mutfağa gitti. "Ağustos ayının sıcağından olsa gerek," diye düşündü. Buzdolabını açıp sürahiyi çıkardı. Kana kana birkaç bardak soğuk su içti.

Daha sonra salondan sigarasını ve çakmağını aldığı gibi balkona çıktı. Beyaz plastik sandalyeye oturdu. Sigarasını yaktı. Balkondan aşağı baktı. Yanan sokak lambasının altındaki çöp bidonunun başında eşelenen birkaç sokak köpeği gördü. Uykusu iyice kaçmıştı.

Tekrar salona döndü. JB marka viski şişesini aldı. Buzdolabından buz kabını çıkardı. Viski bardağına üç tane buz attı. O gece kaç kadeh viski içtiğini hatırlamıyordu. Gün çoktan doğmuş, güneş gökyüzüne doğru yükselmeye başlamıştı. Evdekiler hâlâ uyuyordu. Kendini çok yorgun ve uykusuz hissetmeye başladı. Viski beynini uyuşturmuştu.

Balkonda oturduğu sandalyeden kalktı, yatak odasına gitti. Başı dönüyordu. Yatağa kendini zar zor da olsa attı. Zehra'ya sarıldı. Uyumaya çalıştı. Bir süre sonra gözlerini açtı. Sanki üstünde yattığı yatağı altından çekiyorlardı. Bu sefer de sırt üstü yatmayı denedi. Başı daha az dönüyordu. Çok geçmeden derin bir uykuya dalmıştı. Aradan birkaç saat geçmişti ki, Zehra'nın sesiyle uyandı: "Hadi kalk. Neredeyse öğle oldu. Kahvaltıyı hazırladım. Ben birkaç saatliğine işe gidiyorum."

Yataktan kalkmak istiyor fakat kalkamıyordu. Ancak on dakika sonra kalkabildi. Banyoya gitti. Küvetin içine girdi. Soğuk suyu açtı. Ellerinin ve ayaklarının titrediğini hissetti. Etrafındaki her şey hareketsizleşti sanki. Kalbi hızlı hızlı atmaya başladı. Elini kalbine götürdü. Kalbinin sol göğsünün üstünde atmadığını hissetti. Boğazında bir çarpıntı vardı. Elini boğazına götürdü. Kalbi olması gereken yerde değil de boğazında atıyor gibiydi. Panikledi. Küvetin içine oturdu. İlk kez ölüm korkusu sinmişti yüreğine. "Daha ölmek istemiyorum," diye içinden geçirdi.

Aniden ayağa kalktı. Islak ıslak küvetin içinden çıktı. Arkasını küvete döndü. "Hayır, olamaz. Sanki içine girdiğim küvet değil de bir tabut," dedi ve olduğu yere yığılıp kaldı.

Bir süre sonra Bilge banyoya girdiğinde babasını yerde çırılçıplak yatarken buldu. Önce şaşkın şaşkın baktı. Arkasından da avazı çıktığı kadar bağırmaya başladı. Televizyonda çizgi film izleyen Barış, Bilge'nin çığlığı üzerine koşarak banyoya geldi. Babasının yerde baygın halde yattığını görünce ağlamaya başladı. Bilge, Barış'ı çok geçmeden dışarı çıkardı. Telefona koştu. Annesinin çalıştığı hastaneyi aradı.

Zehra eve geldiğinde nefes nefese kalmıştı. Hemen banyoya koştu. Zafer banyoda yoktu. Bilge yanına geldi. "Baban nerede? Babana ne oldu?" dedi panikle.

"Mutfakta."

Bu sefer mutfağa koştu. O sırada ilaç kutusundan aspirin alıyordu Zafer. "Neyin var? Hemen bir hastaneye gidelim."

"Panik yapma. Hiçbir şeyim yok. Bu sıcaklar beni öldürecek galiba. Dün gece hiç uyuyamadım. Daha sonra da birkaç kadeh viski içtim. Herhalde o çarptı."

"Ne olur doktora gidelim. Belki bir şeyin vardır. Doktorun görmesinde fayda var."

"Abartmayı kes artık. Unutma ben de bir doktorum. Sıcaklar yüzünden diyorsam öyledir. Senin işin yok muydu hastanede?"

"Bilge arayınca koşup geldim. Toplantımız vardı."

"En iyisi sen hastanedeki toplantına geri dön. Bak! Ben gayet iyiyim. Endişe edecek bir şey yok."

"Emin misin bir şeyin olmadığından?"

"Gayet eminim. Hadi git sen. Zaten önemli olan da işin değil mi? "

"Bir şey mi ima etmeye çalışıyorsun?" dedi Zehra bu sefer somurtarak.

"Hayır. İş senin için önemli. Yalan mı söylüyorum?"

"Söylediklerin doğru değil. Keyfimden bu kadar çok çalışmıyorum." ·

"Hiçbir şeyin farkında değilsin. Gözlerin kör olmuş senin. Ne bana ne de çocuklara yeterli zamanı ayırıyorsun. Son zamanlarda yaşadığım sıkıntılar boğazıma düğümlendi. Nefes alamıyorum. Gözüme uyku girmiyor. Bir hayalete dönüştüm. Sabaha kadar evin içinde dolaşıyorum. En son yüzüme ne zaman baktın? Beni gördüğün yok. Bir erkek olabilirim ama unutma ben de etten kemikten yaratılmışım. O kadar emek verdiğim doçentliğimi aldılar elimden. Doçent olmamı engellediler. Olup bitenlerden haberin yok senin. Kaç kez seninle konuşmak istedim, kaç kez? Hep yorgundun, hep yorgundun. Hiç zamanın yoktu. İşkolik olmuşsun sen, işkolik... "

Ve arkasını dönerek gitti.

Olduğu yere yığılıp kaldı Zehra. İlk kez böyle acınası ve çaresiz görmüştü sevdiği erkeği. "Ben ne yaptım?" diye sordu kendi kendine. Az önce duyduğu sözler yüreğine bir ok gibi saplanmıştı. Yüreğinin sızladığını hissetti. "Ah aptal kafam," diyerek elleri ile kafasına vurdu. Birkaç dakika sonra Bilge odaya girdiğinde annesini yere yatmış ağlarken buldu: "Neden ağlıyorsun anne?"

Gözyaşını çabucak sildi eliyle. Kızını baştan aşağıya göz ucuyla süzdü. Boynuna sarıldı. Zafer'in bir an için haklı olabileceğini düşündü. "Beni affet kızım," dedi. "Çalışmaktan size zaman ayıramıyorum galiba."

O anda kapının hızlıca açılıp kapanma sesi yankılandı evin içinde.

Bilge kapıya doğru koştu. Kapıyı açtı. Merdiven boşluğunda yankılanan ayak seslerinden anladı babasının gittiğini. Odaya geri döndü. Annesine baktı:

"Babam nereye gidiyor? Yoksa bizi terk mi etti?"

"Hayır, annesinin bir tanesi. Nereden çıkardın bizi terk ettiğini. Biraz sinirlenmiş bugün. Geri dönecek."

"Ya geri dönmezse anne?"

"Dönecek dedim ya. Hadi odana git. Dersine çalış."

"Ne dersi anne? Yaz tatilindeyiz."

"Ne bileyim. Akıl mı kaldı bende? Kardeşin nerede?"

"Odasında galiba."

"Tamam öyleyse. Git bir şeyler yap. Televizyon mu izleyeceksin kitap mı okuyacaksın, ne yapacaksan yap."

O gece eve dönmedi Zafer. Sabaha kadar eve dönmesini beklemişti oysaki Zehra. "Ailesine gitmiş olabilir miydi?" diye kayınvalidesini telefonla aradı. Önce bir şey söylemedi. Hal ve hatırlarını sordu. Zafer ve çocukların nasıl olduğunu kayınvalidesi sorunca anladı ki orada da değildi Zafer.

"Başka kimi arasam?" diye düşündü. "Kime gider, nereye gider?" Birkaç yeri daha aradı ama oralarda da yoktu. Bu arada çocuklar uyanmıştı. Onlara hiçbir şey belli etmemeye çalıştı. "Doğru banyoya. Önce elinizi yüzünüzü yıkayın. Beş dakika sonra da kahvaltı için masaya oturun," dedi.

Çocuklar masaya oturduklarında Barış, "Oley! Babamı uyandırmaya gidiyorum. Birlikte her zamanki gibi kahvaltı yapacağız," diye oturduğu yerden fırlayarak yatak odasına doğru koştu. Bilge, annesinin yüzüne baktı.

"Babam dün gece gelmedi değil mi?"

"Hayır," dedi Zehra. "Nerede olduğunu bile bilmiyorum."

29

"Merak etme. Bugün kesin gelir. Aranızda bir sorun mu var? Son zamanlarda sabaha kadar evin içinde dolanıp duruyor. Neredeyse ayak sesleri uyutmuyor beni."

"Bunu neden bana daha önce söylemedin?"

"Nereden bileyim ben anne. Yüzünü gördüğümüz mü var!"

O sırada Barış koşarak içeri girdi. "Babam nerede anne?"

"Evde yok oğlum. Bir işi varmış, erkenden dışarı çıkması gerekti."

"Ama bugün beni atlı karıncaya götürecekti."

"Hadi kahvaltını yap. Erken gelirse gidersiniz."

Zehra kahvaltıdan sonra bir iki saat uyudu. Uyanır uyanmaz telefonun ahizesini eline aldı. Çoktandır aramadığı arkadaşı Ayşe'yi aradı. Sesi çok kötüydü. Zehra'nın ses tonundan yolunda gitmeyen bir şeylerin olduğunu anlamıştı Ayşe. "Canın mı sıkkın senin? Sesin çok kötü geliyor."

"Evet," dedi hıçkıra hıçkıra ağlayarak Zehra. "Çok kötüyüm Ayşe, çok kötü. Evliliğimde yanlış giden bir şeyler var ama ben işin içinden çıkamıyorum. Nerede yanlış yaptım? Dün Zafer beni suçladı ve evi terk edip gitti. Hâlâ ortalıkta yok. Ne yer, ne içer? Bu sıcaklarda üstü başı kokmaya başlamıştır."

"Senin temiz havaya ihtiyacın var. Bakırköy sahilinde Mesut'un Yeri'nde buluşalım bir saat sonra," dedi ve telefonu kapattı Ayşe.

Telefonu kapatır kapatmaz çocukların odasına gitti Zehra. "Ben biraz dışarı çıkıyorum. Anneanneniz de neredeyse gelmek üzere. Sakın birbirinizle dalaşıp kadıncağızı üzmeyin. Birkaç saate kadar dönerim."

Çay bahçesine geldiğinde etrafına bakındı. Daha ortalıkta gözükmüyordu Ayşe. Boş bir masa buldu. Oturmak için bir sandalye çekti. Hava ateş kusuyor gibiydi. Çok sıcak ve nemliydi. O sırada gençler okey oynuyordu.

"Ne içersiniz?" diye sordu garson.

"Şimdilik soğuk bir su," dedi Zehra.

Garson arkasını dönüp gidecekken tam o sırada Ayşe'yi gördü.

Kendisine doğru gülerek gelen Ayşe'ye dikkatlice baktı Zehra. "O güzelim kız boşandıktan sonra ne hallere düşmüş böyle. Yeşil gözlerinin neredeyse feri sönmüş ve oldukça da kilo almış," diye aklından geçirdi.

Ayşe yanına geldiğinde, "Bir saniye bekler misiniz?" dedi garsona.

"Ne içersin Ayşe?"

"Sade şekerli bir Türk kahvesi."

"Bana da o zaman orta şekerli bir Türk kahvesi getirin lütfen."

Garson gittikten sonra iki arkadaş birbirine sarıldı. "Özlemişim seni," dedi Ayşe Zehra'ya. "Ben de seni özlemişim," dedi Zehra Ayşe'ye. Bir süre havadan sudan konuştular. "Oğlun nasıl?" diye sordu Zehra.

"Hafta sonları babasında kalıyor. Bu sonbahar okula başlıyor. Kayıt yaptıracağımız okul babasının oturduğu eve çok yakın. Ben de şaşırdım. Mahkeme bende kalmasını uygun gördü. Ama kendi sevgim için bencil davranamam. Kış günleri o kadar uzak yolu nasıl gidip gelecek? Olmazsa hafta içi babasında hafta sonları bende kalır. Çocuğun var mı derdin var şekerim. Çok kez düşündüm. Boşanmakla iyi mi yaptım, kötü mü diye. Boşanacağımı bilseydim bu adamdan çocuk yapmazdım. Benim gibi yetişkin bir kadın bu haldeyken, o ufacık çocuk kim bilir ne haldedir? Aman, boş ver beni kız. Başını ağrıttım. Asıl sen ne haldesin? Berbat gözüküyorsun. "

"Benim bahtsız arkadaşım," dedi Zehra. "Tekrar dünyaya gelsek bu adamlarla evlenir miydik hiç?"

"Kesinlikle evlenirdik," dedi Ayşe.

"Doğru. Bunun adı salaklık ise biz yine bu salaklığı yapacaktık. O zamanlar güzel olanı seçtik. Sonradan güzel olan çirkine dönüştü. Evlendiğimiz adamlar kişilik olarak başkasıydı. Senin boşandığın kocan, benim ise evli olduğum adam başkası artık. Dün beni suçladı ve kapıyı çekip gitti. Evdeki çocukların varlığını bile hiçe sayarak. Yıllar önce onun için işimi bırakıp arkasından gittim. Çocuklarını doğurdum. Sıradan bir doktor olacakken, üniversitede kalıp kariyer yapmasını istedim. Hep kendimden verdim. En büyük hatam işte burada benim. Onun için kendimi değiştirdim. Kim olduğumu unuttum. Onun için yaşamaya başladım. O ise tekrar onun için değişmemi istiyor. Zaman ayırmadığımı söyledi. Bu laf bana çok dokundu Ayşe. Ben kendim için çalışmadım. Yaptığım işte kariyer yok ki. Gelip gelebileceğim yer burası. Beni suçlaması, yüreğimi dağladı. Beni suçlamaya hakkı yok. Çalışmadığım zamanlar onun eline baktım. Para istemeye alışık biri değilim. Günlük üç beş kuruş harçlık bırakıyordu. O para ile pazara mı gideyim, kendime bir şeyler mi satın alayım, çocukların istediklerini mi karşılayayım, yoksa eve yeni birkaç parça eşya mı alayım? Sen söyle. Ben hangisini yapayım?

Bana her ay sabit bir para ver dedim ama eli sıkı olduğu için yanaşmadı bu söylediğime. Bir şey alacağım zaman onunla birlikte gidiyoruz. Her zaman da onunla gidemem ki. Mecbur kaldım çalışma hayatına geri dönmeye. Ben sanki çok mu mutluyum çalıştığım için?"

Zehra artık konuşamıyordu. Gözyaşları sel olup akmaya başlamıştı. Ayşe akan burnunu silmesi için önünde duran peçeteyi uzattı Zehra'ya. "Al şunu. Burnunu sil. Ben hesabı isteyeyim. Kalkalım buradan. Biraz sahil kenarında yürüyelim. Herkes bize bakıyor."

"Kimin baktığı umurumda bile değil. Ama kalkalım," dedi Zehra peçeteyle burnunu silerken.

Hava almak için sahilde yürüyüşe çıktı iki arkadaş. "İnsanlara baksana," dedi Ayşe. "Hepsi üstümüze üstümüze geliyor. Sahil ne kadar da kalabalıkmış bugün böyle."

"Haklısın," dedi Zehra gözyaşlarını silerken. "Arkana dönüp bakar mısın? Şimdi ne görüyorsun?"

"Yine insanlar üstümüze üstümüze geliyor."

O anda iki genç kadın eski günlerdeki gibi gülüşmeye başladı. Tekrar eskilere dalmışlardı. Zehra, Ayşe'ye, "Şu olayı hatırlıyor musun?" diye soruyordu. Ayşe, Zehra'ya ise, "Sen bu olayı hatırlıyor musun?" diye soruyordu. Bir türlü susmak bilmiyorlardı. Devamlı gülüyorlar, kahkahalar atıyorlardı. Ayrılma vakti geldiğinde ise, "Bundan sonra ne yapmayı düşünüyorsun?" diye sordu Ayşe çok sevdiği arkadaşına.

"Hiç," diye cevap verdi Zehra.

"Hiç mi?"

"Evet. Hiç! Sence susup kabullenmeli miyim her şeyi?"

"Sizin sorununuz konuşmamak. Konuşmaya ihtiyacınız var. Bence bunu deneyin. Daha sorunun ne olduğunu tam olarak bilmiyorsun. Doçentliği neden verilmedi? Bunu bile bilmiyorsun. Senin dinlemeye onun ise anlatmaya ihtiyacı var. Konuşun, hem de döne döne konuşun."

Zehra, Ayşe'nin boynuna sarıldı. "Tıpkı eski günlerdeki gibi iyi ki hayatımda varsın. Söylediklerini yapacağım. Eve döndüğümde onunla konuşacağım," dedi ve tekrar görüşmek üzere ayrıldılar.

Eve dönüş yolunda merak Zehra'nın içini bir sis bulutu gibi kaplamıştı. Zafer eve geri dönmüş müydü? Bir an önce eve varmak istiyordu. Ama her zaman gidip geldiği yol bir türlü bitmek bilmiyordu. Gün uzun olduğundan güneş yeni yeni batmak üzereydi. Gökyüzü kızıla çalmıştı. Apartman kapısından içeri girdiğinde ayaklarının titrediğini hissetti. İçinden, "İnşallah eve geri dönmüştür," diyordu. Kapı zilini çaldı. Bilge kapıyı açtı. Birkaç saniye göz göze geldiler.

"Baban geldi mi kızım?"

"Geldi ve tekrar gitti anne."

"Bu ne demek oluyor?"

"Geldi, birkaç parça eşyasını aldı ve tekrar gitti."

"Nereye gitti?"

"Birkaç gün kafasını dinleyeceğini söyledi."

"Nereye gideceğini söylemedi mi?

"Hayır anne. Ama merak etmememiz gerektiğini söyledi."

"Peki. Ama iki gündür neredeymiş beyefendi? Bunu da söyledi mi?"

"Babaannemdeymiş."

"Aşağılık kadın bana niye o zaman telefonda konuştuğumuzda söylemedi orada olduğunu?"

"Bilmem anne."

"Tamam kızım. Barış nasıl? Anneanneniz aç bırakmadı sizi değil mi? Yoksa aç mısınız?"

"Aç değiliz," dedi Bilge. "Yaklaşık iki saat önce yedik. Anneannem de az önce gitti."

O günün gecesi başını yastığı koyduğunda, "Peki," dedi kendi kendine Zehra. "İstediğin gibi olsun Zafer Bey. Madem kafanı dinlemek istiyorsun, git dinle bakalım. Elbette bu eve tekrar geri döneceksin. O zaman görüşeceğiz. El mi yaman yoksa bey mi yaman? Erkeksen beni karşına alıp her şeyi konuşsaydın. Ama sen de birçok erkeğin yapacağını yaptın. Beni suçladın ve evi terk ettin. Burnun hiç sürtmemiş senin. Sana şu anda neredeysen iyi geceler diliyorum. Belki rahat uyursun."

O geceden tam bir hafta sonra bir akşam vakti Zafer eve geri döndü. Daire kapısının önüne geldiğinde eli nedense kapı zilini çalmaya gitmedi. Cebindeki anahtarı çıkardı. Anahtarı deliğinden içeri soktuğunda evde kimsenin olmadığını anlamıştı. Kapı kilitliydi. Gergin olan kasları biraz gevşedi. "Oh be," dedi. Zafer eve girdiğinde her şey bıraktığı gibi yerli yerinde duruyordu. Hemen bir duş almak istedi. Kirli çamaşırlarını küçük valizinden çıkarıp çamaşır sepetinin içine attı. Duştan sonra kendisine orta şekerli bir kahve yaptı. Salona geçti ve televizyon izlemeye başladı. Daha sonra olduğu yerde uyuyakaldı.

Uyandığında kapı önünde bir tıkırtı duydu. Duvardaki saate baktı. Saat akşamın 22:00'sini gösteriyordu. "İnanmıyorum," dedi üzerindeki mahmurluğu atmaya çalışırken. "Tam iki saat uyumuşum." Yattığı yerden hemen doğruldu. Kapı açıldığı gibi bir çığlık duydu. "Oley! Oley! Babam eve geri dönmüş."

Barış içeri doğru koştu. Babasının boynuna atladı. "Seni çok özledim baba. Neredeydin? Bugün annem bizi sinemaya götürdü. Çok güzel bir film izledik. Keşke sen de olsaydın," dedi şapur şupur babasını öperken.

Zafer, oğluna sımsıkı sarıldı. Saçlarından öpüp kokladı. "İnşallah bir dahaki sefere," dedi. O sırada Bilge içeri girdi. Babası ile göz göze geldi. Selam bile vermeden salon kapısından balkona çıktı. Bilge'nin arkasından bu sefer içeriye Zehra girdi. Eli ayağı titriyordu. Zafer'in yanından rüzgâr gibi geçti ve perdelere doğru yöneldi. Bir hışımla perdeleri çekti. Sonra hızlıca odayı terk etti. "Bir dakika," dedi oğluna Zafer oturduğu yerden kalkarken.

Balkona doğru yöneldi. Balkonda oturan Bilge'ye seslendi: "Babana bir hoş geldin yok mu?"

Bilge önce cevap vermedi. Zafer bunun üzerine sorusunu tekrarladı.

Bilge oturduğu yerden kalktı ve ağlayarak babasına: "İstediğin zaman evi terk edip gidiyorsun, istediğin zaman da dönüyorsun. Sonra da sana hoş geldin dememi istiyorsun. Bir haftadır bizi arayıp sormadın. Beni rahat bırak," dedi ve balkondan odasına doğru koşarak gitti.

Bilge'nin odasına ağlayarak koştuğunu gören Zehra, salona büyük bir hışımla girdi. Barış'ı kolundan tuttuğu gibi odasına götürdü. "Daha uykun gelmedi mi senin? Saat kaç oldu görmüyor musun? Hemen uyuyacaksın," dedi.

Barış ağlamaya başladı. "Daha uykum yok benim anne."

"O zaman sesini çıkarmadan odanda televizyon izle," dedi ve Zafer'in bulunduğu salona geri döndü.

"Senin derdin ne?" diye sordu yüksek sesle Zafer'e. "Yaptıklarından utanmıyor musun? Bu davranışların koskoca insana yakışıyor mu? Hadi! Ben senin için bir el kızı olabilirim. Ama onlar senin çocuğun. Bana kızıp onları öyle terk edip gidemezsin. Derdin ne senin? Konuş bakalım."

Daha sonra Zehra, karşısına geçip oturdu o sinirle Zafer'in. Sehpanın üzerinde duran Marlboro marka sigaradan bir tane alıp yaktı. Bir nefes çekmişti ki, "Yanımda içme," dedi kısık bir sesle Zafer. "Doktor arkadaşlar sigara içilen ortamda olmamı yasakladı."

"Nedenmiş o? Kendin içmiyor musun sanki?"

"Bu hafta ortası geçirdiğim mide kanamasından sonra yasakladılar. Bu aralar içmemem gerekiyor."

"Mide kanaması mı? Nasıl yani?" diyebildi şaşkınlıkla Zehra.

"Panik olmana gerek yok," dedi Zehra'nın heyecanını yatıştırmak için Zafer. "Aşırı stresten. Geçen hafta Salı günü öğleye doğru poliklinikte fenalaştım. Arkadaşlar tansiyonumun düştüğünü zannetmişler. Tuzlu ayran içirmişler. Ama bir süre kendime gelmediğimi görünce hemen yukarı servise yatırmışlar. Yapılan tahliller sonucunda mide kanaması geçirdiğim anlaşılmış. Hemen müdahale etmişler. İki gün serviste yattım. O sırada bir gerçeği daha öğrendim. Panik atak denen bir hastalığa yakalanmışım. Aşırı stresten ortaya çıkan bir hastalıkmış. O yüzden sabaha kadar uykusuzluk ve aşırı susuzluk çekiyormuşum." .

Sigarasını söndürmeden önce son bir nefes çekti Zehra. O anda ne söyleyeceğini bilemedi. Birbirlerine ne kadar uzak-olduklarını düşündü. Kocası ölümden dönmüş ama onun bundan haberi bile olmamıştı. "Geçmiş olsun," diyebildi sadece.

"Bütün bu olup bitenlerden haberim inan ki yoktu. Peki hastanede kim baktı sana?"

"Sağ ol," dedi Zafer bir yabancı gibi. Arkasından ekledi: "Bizimkiler."

"Doğru ya," dedi Zehra. "Ne kadar aptalım. Annenin benden nefret ettiğini unutmuşum."

O anda ağzını bıçak bile açmadı Zafer'in. "Ne düşünüyorum biliyor musun?" diye sordu Zehra.

"Hayır. Nereden bileyim."

"Hiç konuşmadığımızı. Belli şeylerin dışında hiçbir şey paylaşmıyoruz artık. Birbirimize yeterli zamanı ayıramıyoruz. Neden böyle olduk? Bir düşün! Beni suçlamadan önce kendine bak. Suç tek taraflı değildir. Bunu unutma. Bende ne kadar suç varsa sende de o kadar suç var. Şimdi konuş. İhtiyacımız olan şey bu. Konuşmak."

Derin bir nefes aldı Zafer. "Belki de Zehra haklı," diye düşündü. Zaten birçok kez konuşmak isteyip konuşamayan kendisi değil miydi! "Tamam," dedi. "Bu gece her şeyi seninle konuşmak istiyorum."

"Bir dakika," dedi Zehra yerinden kalkarken. "Çocuklara bakıp hemen geliyorum."

Çocukların odasına girdiğinde Bilge ve Barış çoktan uyumuştu. Oda çok sıcaktı. Kapalı olan pencereyi hafiften araladı. "Deli çocuklar," dedi kendi kendine. "Bu yaz günü pencereyi bi-

37

le sıkı sıkı kapamışlar." Yavaşça yanlarına sokuldu. İkisinin de yanaklarına birer öpücük kondurduktan sonra kapıyı çekti. Yan odadaki mutfağa geçti. Buzdolabını açtı. Öğlen yaptığı limonatayı çıkardı. Birer tutam fesleğen attı bardakların içine. Salona geri döndü. Bardakları sehpanın üzerine koyarken, "Bugün yaptım. Çok hoş olmuş. Bir bardak iç. Bu sıcakta iyi gelir," dedi ve arkasından ekledi: "Evet, şimdi seni dinliyorum."

"Nereden başlayacağımı bilmiyorum," dedi Zafer.

"Aklına gelen ilk şeyden başla."

"Peki, öyleyse," dedi Zafer ve beyninin içine hapsolmuş düşünceleri birbiri ardına sıraladı.

"Kaç yıldır bir gün olsun bana sabahları kahvaltı hazırlamadın. Beni bir gün bile sabahları evden çıkarken uğurlamadın. Çocuklar doğduğundan beri dünyan onlar oldu. Benim de sevilmeye ihtiyacım olduğunu unuttun. Benim eşim olarak anılmak istemedin. Hep kendin olmak istedin. Çünkü güçlü bir kadın olmak hoşuna gidiyordu. Başkaları ile yakın diyalog kurarken, benden uzaklaştın. Seninle çok zaman konuşmayı denedim ama olmadı. Bir süre sonra bana yabancı gibi gelmeye başladın.

Bu yıl doçentliğimi gasp etti Burhan Hoca. Neymiş efendim? Sevgili oğlu Cengiz Bey'in hakkıymış. Bütün bu yaşadığım olumsuzluklar üst üste gelince beni hasta etti. Bana destek olmadığını gördüğümde, hayatımda belki de bir başkasının olması gerektiğini düşündüm. Cinsel hayatımız da çok kötü. Beni yatakta hep yalnız bıraktın. Bir gün benimle isteyerek olsa da sevişmedin. Sevişmekten hep kaçtın. Sende cinsel soğukluk var. Bunu kabul et artık. Hep benim iteklememle sevişebiliyoruz. Bir gün bile sevişmeyi başlatan taraf sen olmadın. Kendimi hep cinsel açlık içinde hissediyorum. "

Gecenin sıcağında neredeyse her tarafı buz kesti Zehra'nın. Midesi bulandı. Bir ağrı gelip karnına saplandı. Kalbinin sıkıştığını hissetti. Sehpanın üzerinde duran limonatadan bir yudum aldı. Sonra dayanamayıp bir sigara yaktı. Dumanı ciğerlerinden dışarı üflerken, "Gerçekten böyle mi düşünüyorsun?" diye sordu gözleri buğulanırken.

"Evet."

"Gerçekten böyle düşünmene çok üzüldüm," dedi soğuk bir tavırla Zehra. "Desene bizimkisi iki kişilik yalnızlık. Kusacak başka bir şeyin kalmadıysa lütfen beni yalnız bırak şimdi. Çünkü söylediklerinin yenilir yutulur bir tarafı yok. Biraz düşünmek istiyorum."

"Bana söyleyeceklerin bu kadar mı?" dedi sakince Zafer.

Zehra acı acı gülümsedi. "Senin ağzından çıkanı kulağın duymuyor galiba. Sinirlerimi bozdun. Kendini nasıl haklı gösterebiliyorsun ona şaşırıyorum? Baksana, elim ayağım birbirine dolaştı. Gecenin bir vakti bu ağır sözleri duyacağımı hiç tahmin etmezdim. Dilimi eşek arısı soksaydı da sana neyin var diye sormasaydım."

Daha fazla konuşmak istemedi Zehra. Sabaha kadar bir başına düşünüp durdu. Bazen ağlıyor, bazen ise anlam veremediği bir şekilde gülümsüyordu. Başını bir sağa bir sola çeviriyor, düşündüğü şey karşısında bazen dudak büküyordu. İlerleyen saatlerde günün ilk ışıkları gecenin karanlığını kovmuştu. Duvardaki saate baktı. Saat sabahın 06:30'unu gösteriyordu.

Mutfağa geçti. Çaydanlığa su koydu. Ocağın altını yaktı. Buzdolabından kahvaltılık birkaç parça yiyecek çıkardı. Sonra kaynayan suyla çayı demledi. Bir bardak çay koydu kendisine.

Mutfak balkonuna çıktı. Bir sigara yaktı. Geceden beri üst üste içtiği sigaralardan ağzı zehir gibi olmuştu. Zafer'in ayak sesini duydu.

Mutfağa geçti. Bir bardak çay koydu. "Buyur," dedi Zafer'e. "Kahvaltını yap. Ben uyumaya gidiyorum. Dün gece bir karar aldım. Bugünden tezi yok işi bırakıyorum. Hadi gözün aydın olsun," dedi ve dosdoğru yatak odasına gitti.

"Emin misin?" diye sordu arkasından Zafer, ama bir yanıt alamadı.

Saat sabahın 09.30'unu gösteriyordu. Sessizlik evin içinde hüküm sürerken, sıcaklık ise güneşin doğması ile birlikte uyanmaya başlamıştı. Evin sessizliğini o sırada çalan telefonun sesi, bir kâğıt parçası gibi yırtıp atmıştı. Uzun bir aradan sonra Bilge çalan telefonun sesine uyandı. Uyanır uyanmaz, "Sabah sabah kim arar bu saatte?" diye homurdanarak kalktı.

Yataktan doğrulduğu gibi salona koştu. Ahizeyi kaldırdığında, "Zehra Hanım," dedi telefonun diğer ucundaki kadın.

"Ben kızıyım, nasıl yardımcı olabilirim?"

"Hastaneden arıyorum. Zehra Hanım daha işe gelmedi. Önemli bir toplantımız var. Kendisi evde mi acaba?"

Dün gece olup bitenlerden habersiz bir şekilde Bilge, "Annem evde yok. Sabah işe gitti," dedi.

"Kusura bakmayın," dedi kadın. "O zaman biraz daha bekleyelim."

Bilge telefonu kapattığı gibi koşarak odasına döndü. Barış hâlâ uyuyordu. "Aptal kadın," diye tekrar homurdandı. "Sabah sabah uykumu böldü."

Kısa bir süre yatağın içinde bir sağa bir sola döndü. Çok geçmeden tekrar derin bir uykuya daldı.

Bilge, on yaşında olmasına rağmen yaşıtlarına göre daha hızlı bir gelişim sergiliyordu. Uzun sarı saçları, ela gözleri ve beyaz teni ile annesini iyiden iyiye andırmaya başlamıştı. Onu annesinden farklı kılan şey ise uzun boylu olmasıydı.

Bir zaman sonra telefon yine çalmaya başladı. Bilge bu kez telefonun sesine hemen uyandı. Baş ucunda duran saate baktı. Saat 10:42'yi gösteriyordu. Bu defa çalan telefonun sesine Barış da uyandı. Bilge telefona bakmak için yatakta doğrulurken, Barış acıktığını söyledi ablasına. "Biraz bekle," dedi kardeşine Bilge.

Telefondaki ses bu sefer hiç yabancı gelmedi Bilge'ye. Sabah konuştuğu kadından başkası değildi.

"Kusura bakmayın yine rahatsız ediyorum. Zehra Hanım hâlâ ortalıkta gözükmüyor. Siz kendisinden bir haber alabildiniz mi?"

Bilge bu sefer endişelenmişti. "Maalesef," dedi. "Sabah işe gitti diye biliyorum. Birazdan babama ulaşmaya çalışayım. Belki o nerede olduğunu biliyordur. Şayet kendisine ulaşırsam sizi aramasını söylerim."

"Bir zahmet," dedi kadın telefonu kapatırken.

"Annem nerede olabilir?" diye düşünmeye başladı Bilge. "Olamaz," dedi o panikle. "Yoksa şimdi de annem mi evi terk etti? Dün gece babamla kesinkes tartışmış olmalı," diye düşünüp tam yüreği ağzına gelmişken, yatak odasından annesinin sesini duydu: "Kim o kızım?"

Duyduğu ses karşısında şaşırdı. Sesin geldiği yatak odasına doğru yönelirken, "Anne, sen misin?" diye sordu şaşkınlıkla.

Yatak odasının kapısının önüne geldiğinde, "Benim tabii ki kızım. Kim olacak?"

"Ne işin var bu saatte evde? Seni hastaneden arayıp duruyorlar. Toplantınız varmış. Neden bugün işe gitmeyeceğini haber vermedin? Yoksa hasta mısın?"

Yatağın içinde kollarını açtı Zehra. "Gel koynuma. Sana biraz sarılayım," dedi. Bilge, annesinin koynuna sokuldu. Zehra, kızının uzun sarı saçlarını defalarca öptü.

41

"Artık çalışmayı düşünmüyorum kızım. Bugün işi bıraktım. Birazdan hastaneyi arar işi bıraktığımı söylerim."

Bilge o gün anlamıştı annesinin bir kez daha kendi yaşamını hiçe saydığını. Doğru bildiği yaşamından bir kez daha geriye adım attığını. Hem de kocası ve çocukları için. O anda Bilge, ilk kez babasından nefret ettiğini hissetti. Çünkü annesinin gözlerindeki o hüzünlü bakış küçücük yüreğine bir alev topu gibi düşmüştü.

ZAFER'İN İTİRAFI

Bin dokuz yüz doksan üç yılının sonbahar mevsimiydi. Harbiye Askeri Müzesi'nin önüne geldiklerinde, "Rica etsem sağda indirir misiniz?" dedi şoföre Zehra. Valikonağı Caddesi yine her zamanki gibi o saatlerde trafikte korna çalan araç sürücüleriyle doluydu. O sabah güneş sararmaya başlayan yaprakların arasından altın rengi bir ışıltıyla parlıyordu. Lodos hafif hafif esmeye başlamıştı. Taksiden indikten sonra Zehra kolundaki saate baktı. Saat sabahın 09:00'unu gösteriyordu. "Daha yarım saat zamanım var," diye kendi kendine mırıldandı. Yirmi-yirmi beş metre yürümüştü ki, Maçka Parkı'na doğru giden merdivenli yolda buldu kendisini.

Cemal Reşit Rey Konser Salonu'nun yanındaki itfaiye araçlarının önünden geçip giderken, bir an için kırmızı rengin ken-

43

di rengi olduğunu düşündü. "Ne kadar göz alıcı bir renk," diye geçirdi içinden. "Kırmızıyı oldum olası severim."

Birkaç adım atmıştı ki, aniden önüne çıkan iki kedi için bu kez durdu. Birbirlerini kovalayan kedilere baktı. Sıska olan siyah kedi taksi durağının yanındaki ağacın üstüne bir hamlede tırmanıverdi. Daha iri olanı ise birkaç kez miyavladıktan sonra oradan uzaklaştı.

Taksi durağının önüne geldiğinde yere düşen kocaman bir yaprağı eğilip yerden aldı. Sapından tuttu. Parmaklarının arasında bir sağa bir sola çevirmeye başladı. Park o saatte hemen hemen bomboştu. Birkaç insan sabah yürüyüşüne çıkmış, eşofmanlı genç ve alımlı bir kadın da siyah Labrador köpeğini gezdiriyordu. O geceyi parkta geçirdiği her hallerinden belli olan üç sokak köpeği ise miskin bakışlarla çevrelerinde dolaşan Labradoru izliyordu.

Ağaçlar yapraktan giydikleri elbiselerini ağır ağır üstlerinden çıkarıp atıyorlardı. Pastel tonlar çevreye hâkim olmuştu. Çay bahçesinde oturmak için bir tabure çektiğinde Zehra, parka gelmekle ne kadar iyi yaptığını düşündü. Masaya gelen garsona, bir tane peynirli gözleme ile bir bardak demli çay söyledi. Çantasından hiçbir zaman eksik etmediği kırmızı Marlboro'sunu çıkardı. Gözleme gelene kadar aç karnına bir sigara yaktı. Bir nefes çekti içine. Genç kızlık günlerini ve onu takip eden zamanları hatırladı. Uzunca bir süre ağzına hiç sigara koymamıştı. Şimdi ise tiryakiydi. Günde neredeyse bir buçuk pakete yakın içiyordu. Çoğu kez bırakmayı düşünmüştü ama evlilik hayatının getirdiği sorumluluk ve sorunlar sigara denen illeti bırakmayı nasip etmemişti. Tekrar bir nefes almıştı ki, garsonun sesi ile dalıp gitmeye başladığı düşüncelerinden çıktı. "Çayınız ve gözlemeniz," dedi. Bir lokma gözlemeden attı ağzına. Üstüne de demli çaydan bir yudum aldı.

Bir süre sonra yine gözleri uzaklara dalıp gitti. Karaköy'de, bankada çalıştığı o günlerde Zafer ve Ayşe ile gözleme yemek için öğle araları kaçıp geldikleri Gülhane Parkı'nı hatırladı. "Ne güzel günlerdi!" diye düşündüğünde gözleri hafiften buğulandı. O sabahın ikinci sigarasını yakarken, ikinci çayını söyledi. Yanı başındaki beyaz sokak kedisi dikkatini çekti. Gözlemeden bir parça kapmak için zavallı bir şekilde miyavlayıp duruyordu. Bir parça gözlemeden koparıp önüne attı. Kedi, önüne atılan parçayı kaptığı gibi bir ağacın altına doğru koştu. Kedinin döktüğü ufak peynir parçalarının çevresinde ise bir serçe, küçük ayaklarının üstünde zıplayarak ürkek bir şekilde çevresini gözetleyerek yemine doğru yanaştı. Minik gagası ile peyniri kaptığı gibi pıur diye uçtu.

"Keşke ben de senin gibi uçabilseydim," dedi Zehra. "Buralardan çok uzaklara uçsaydım. Yalnız olmayacağım bir yere kanatların beni de götürseydi." Gökyüzündeki parıldayan güneşi gördü o anda. "Keşke yakınında olsaydım," dedi. "Buz tutmuş bu yüreğimin donunu belki sen çözebilirdin."

Daha sonra çayından bir yudum alırken, bir nefes daha çekti sigarasının dumanından ciğerlerinin derinliklerine. "Otuz iki yaşında, iki çocuklu yalnız bir kadınım. Bir türlü biz olmayı beceremeyen bir karı ve koca. İlişkimiz neden bu noktaya geldi? Nasıl geldi? Kim getirdi? Neden insanlar evlendiğinde o ilk günlerdeki heyecanını kaybediyor? Neden erkekler evdeki kadına sadece çocuklarının anası olduğu için saygı duyuyorlar da, bir arzu nesnesi olarak bakmıyorlar? Neden evdeki kadın hiçbir zaman kocasını anlamıyor da dışarıdaki kadın benim kocamı benden daha iyi anlıyor? Bu nasıl olabilir? Bendeki kusur ne acaba?" diye sordu kendisine.

Her zamanki gibi yine çok önemli bir noktayı göz ardı etmişti. Bunu belki de bir sonraki yaşamında öğrenecekti. "Kendimiz

45

için iyi bir gelecek planlarken hayatımıza sonradan girecek insanları bu planın dışında tutuyoruz."

Bir süre sonra dalıp gittiği karmaşık dünyanın içinden çıktı. Kollarını arkaya doğru gerdi. Hesabı ödemek için garsona el işareti yaptı. Hesabı ödedikten sonra oturduğu yerden kalktı. Maçka'dan Nişantaşı'na doğru yürürken, sokakların insanlar tarafından ağır ağır dolmaya başladığını gördü. Sabah sabah mağazaların vitrinlerine bakan hoş ve alımlı kadınları izledi. İçten içe gülümsedi. "Kadın olmak başka bir duygu," dedi. "Oysa, her birimizin hikâyesi ne kadar da farklı. Mutlu gibi görünen ama mutlu olmayı beceremeyen biz zavallı kadınlar. Mutluluğu evde değil de mağazaların vitrinlerine bakıp orada arayan biz zavallılar."

Zehra bir süre daha çevresine bakarak yürümeye devam etti. Valikonağı Caddesi'nin dört yol ağzından Amerikan Hastanesi'ne doğru inen yola geldiğinde yetmiş bir numaralı binanın önünde durdu. Yolun tam karşısındaki Tekin Apartmanı'nın üçüncü katına baktı. Yıllardır harcanan emek bir tabelanın üzerinde yazılı duruyordu: "Doçent Doktor Zafer Ateşoğlu, Genel Cerrahi Uzmanı."

Tatlı bir gülümseme hüzünle birlikte çöreklendi yüreğine. Ne bedeller ödediğini düşündü. "Kim bilir daha ne bedeller ödeyeceğim Allah'ım?" dedi.

Asansörle üçüncü kata çıktığında muayenehanede çalan telefon apartmanın boşluğunda yankılanıyordu. Hızlı bir şekilde kapıyı açtı. Anahtarı, deliğinden bile çıkarmadan ve kapıyı kapatmadan koşarak telefona baktı. Nefes nefese kalmıştı. "Doktor Zafer Bey'in muayenehanesi," dedi.

"Başlatma muayenehanenden şimdi," dedi telefondaki tanıdık kadının sesi. "Neredesin? Sabahtan beri seni arıyorum. Nişantaşı'na geldim. On dakika sonra sendeyim. Kahveleri yapmaya başla."

46

"Seni gidi deli kız," dedi gülerek. "Sakın geç kalma. On dakika sonra kahveleri yapıyorum."

Telefonu kapattıktan sonra kapının üzerinde duran anahtarı çıkardı. Açık olan kapıyı kapattı. Masanın üzerinde duran not defterine baktı. Randevusu olan dokuz hasta vardı.

Bekleme salonuna geçti. Pencerenin camlarını açtı. Camın önünde dizi dizi sıralanmış menekşelere baktı. Mutfaktan su getirdi. Alt tabaklarına biraz su koydu.

Tekrar mutfağa geçti. İki kişilik cezveyi raftan aşağı indirdi. İki kahve fincanı su koyduktan sonra cezveye iki kaşık kahve koydu. Ocağı yaktı. Cezveyi ocağın üstüne koymuştu ki kapının zili çaldı.

Kapıya koştu. Kapının önünde duran Nigar'dan başkası değildi. "Çabuk içeri gir ve kapıyı kapat. Kahve taşmak üzere," dedi mutfağa koşarken.

"Kız," dedi Nigar arkasından. "Daha bulamadınız mı bir sekreter?"

"Bende şans ne gezer? Birkaç ay çalışıp habersiz bir şekilde kaçıp gidiyorlar. Öyle olunca da iş bana kalıyor. Yarın bir kız görüşmeye gelecekmiş. Üniversitedeki müstahdemin yeğeniymiş. Umarım kızın eli yüzü düzgündür. Konuşmasını biliyordur. On gündür canım çıktı vallahi. Yoksa işim iş benim."

"Kocan kıymetini bilsin senin. Ben olsam vallahi bir gün gelmezdim. Bana ne? Kimi bulursa bulsun. Ben mi düşüneceğim."

Zehra kıkır kıkır gülmeye başladı. "Vallahi âlemsin. İnsanı öldürürsün sen. O yüzden sana deli kız diyorum ya! Hadi, kahvelerimizi alıp içeri geçelim. Şöyle bir keyif çatarken biraz da dedikodu yaparız seninle."

"Kız biliyor musun?" diye sordu Nigar dedikodu lafını duyar duymaz. "Senin bir alt katında oturan Emel'in kocası var ya..."

"Hani şu yakışıklı olan adam. Eee! Ne olmuş ona?"

"Yan apartmanda oturan o sümsük karıyla çoktan işi pişir-
mişler."

"Kim o sümsük karı?"

"Kim olacak canım? Zuhal karısı işte."

"Kız o evli değil mi?"

"Sözüm ona evli şırfıntı. Hadi karı kocasını aldatıyor da, ka-
rının pezevenk kocasına ne demeli?"

"Ne olmuş ki?"

"Herifin mezhebi geniş anam. Adam olup bitenleri öğren-
miş. Bir daha yaparsan seni boşarım demiş karısına. Vallahi ne
kocalar var şekerim. Böyle bir koca bulamadık gitti. Herife her
baktığımda bir çift boynuz görüyorum o kel kafasında."

"Sen de az zilli değilsin vallahi. Nereden bulursun bu lafları?
Her şey hoş güzel de, Emel bu olup bitenleri duyunca ne olacak?"

"Bilmem kız," dedi Nigar. "Sen de ahret soruları sorup dur-
ma. Kadın bir aydır Amerika'da kızının yanında. Döndüğünde
hep birlikte göreceğiz."

"Allah korusun," dedi Zehra. "Allah kimsenin başına verme-
n böyle bir iğrençliği."

"Ben olsam kocayı anında boşardım," dedi Nigar. "Bu ayıp-
la yaşayamazdım. O koca olacak boyu altında kalasıca herifi de
kapının önüne koyardım."

"Büyük lokma ye büyük laf konuşma. Dünya hali bu. Her
şey başımıza gelebilir."

"Hadi canım sende. Böyle bir şeyi sen kabul eder miydin?"
diye sordu Nigar.

"Erkek milleti değil mi?" dedi Zehra. "Bunlardan her şey
beklenir. Sonra ne biliyorsun? Belki de kocalarımız bizi aldatı-
yorlardır. Kocanın seni aldatmadığını nereden biliyorsun?"

Nigar kendisine sorulan bu soru karşısında afalladı. Yüzüne
bir tokat yemiş gibi oldu. Yanakları kırmızıya kesti. Boğazında

tükürüğünün kuruduğunu hissetti. Kahve fincanının yanında duran sudan bir yudum aldı.

"Öyle şey olmaz," dedi. "Benim kocam asla beni aldatmaz." "Her kadın kocasına güvenir. Ama her kadın da az önce söylediğin klişe lafı söyler. Bir düşün. Salak olma. Senin kocan seni aldatıyor demiyorum ama peki biz kimlerin kocasından bahsediyoruz? Çevremizde tanıdığımız arkadaşlarımızın kocalarından öyle değil mi? Belki onlar da bizi konuşuyor bir araya geldiklerinde. Bizim için belki de ah zavallı kadın diyorlardır. Kadını kocası aldatıyor ama haberi yok diyorlardır. Sen hiç ortalıkta dolaşıp kocam beni aldatıyor diyen bir kadına rastladın mı?"

"Yok, yok" dedi Nigar. "Öyle şey hayatta olmaz. Kocam beni asla aldatmaz. Seven kadın bunun aksini bile düşünmez. Ya sen çok gerçekçisin ya da yeterince sevmiyorsun kocanı."

Sustu Zehra.

"Hangisiyim?" diye sordu içindeki ben diğer benine. Gerçekçi miydi yoksa sevmiyor muydu artık?

"Her ikisi de," dedi. "Yaşadığım gerçekler beni sevdiğim erkeğin peşinden sürükledi. Peşinde sürüklendiğim sevgim ise bana ihanet etti. Birçok evli kadına ihanet ettiği gibi. İçimdeki o güzelim neşeli kız çocuğu genç bir kadına dönüşemeden, çok bilmiş bir kadın oldu. Çoğu zaman bu bilmiş kadından nefret ettim. Çünkü o neşeli kız çocuğunu her defasında susturmasını bildi o çok bilmiş kadın. Sevdiğim erkeği, onunla birlikte çıktığım bir yolculukta bir süre sonra kaybettim. Daha sonra ona kızgın oldum hep. Ona defalarca söylemiştim; ne olursa olsun elimi bırakma diye. Sensizlikten korkarım diye..."

Nigar'ın içini pişmanlık duygusu kaplamıştı. Çok sevdiği arkadaşına, "Hadi göz yaşını sil. Boş ver, üzülmeye değmez..." diyecekken telefon çaldı.

49

Arayan Zafer'in hastalarından biriydi. O günkü randevusunu ertesi güne ertelemek için aramıştı.

"Kusura bakma," dedi telefonu kapatır kapatmaz Zehra gözyaşlarını silerken. "Beni boş ver sen. Kerkenez kocan nasıl?" dedi Zehra.

"Şerefsiz ortağı ile başı büyük bir belada. Boşuna dememişler 'Karına ortak ol; ama işine ortak olma' diye. Devletten vergi kaçırdıklarını biliyorsun. Bir resmi defter tutuyorlardı, bir de şirket içinde gayri resmi olan bir defter. Şimdi o defter kayıp. İleride bir gün yaşadıkları anlaşmazlıkta defteri mahkemeye delil olarak sunsa, bizimkinin başını yakacak. Bazı geceler uyku tutmuyor. Ortağıyla ayrılmayı düşünüyor ama yedikleri bu halt yüzünden ayrılamıyor. Korkuyor. Ortağı ise devamlı şirketten para çalıp duruyor. Bir falcı kadın bulmuş ona gitmeyi düşünüyor. Off be şekerim. Ne bileyim. Dert bir değil ki çekesin. Herkes bir şekilde uğraşıyor."

"Üzüldüm," dedi Zehra. "İnşallah bir sorun çıkmaz."

"Boş ver canım. Ben o öküz kafalı kocama zamanında kaç kez söyledim. Bu adama güvenme diye. Allah bilir ya herifi gözüm hiçbir zaman tutmadı."

Daha sonra koltuğun yanında duran çantaya uzandı. "Bak bakalım," dedi Nigar. "Aldığım ayakkabıyı beğenecek misin?"

Kutusundan çıkardığı siyah süet, burnu uzun ve yüksek topuklu ayakkabıyı gösterdi. "Çok şık bir ayakkabı," dedi Zehra.

"Tamam," dedi Nigar. "Şimdi buradan çıktığımda otuz yedi numarasını sana da alıyorum. Sakın itiraz etme. Çünkü indirimde ayakkabılar."

"Peki," dedi Zehra arkadaşına sımsıkı sarılırken. "Bugün iyi ki geldin. Çünkü bir başıma canım çok sıkılıyordu. Zaman geçmek bilmiyor gibi. İnşallah yarın gelecek olan kız işimize yararda ben de kendi işlerime geri dönerim. Çocukları çok özledim."

Nigar'ı kapıdan uğurlarken Zehra, "Bir akşam da eve bekliyorum. Artık eve gelirsin," dedi.

"Gerçi çok uzakta oturuyoruz ya hanımefendi. Sadece bir kat var aramızda," dedi gülerek Nigar.

Kapıdan uğurladıktan sonra ufak tefek işlere koyuldu Zehra. Bir ara duvardaki saate baktı. Zafer'in gelmesine daha bir saat vardı. Zafer fakülteden her gün öğleden sonra saat üçte çıkıyor, dört gibi muayenehanede oluyordu.

O gün muayenehanede telefon bir gün öncesine göre pek az çalmıştı. "Oh be," diye içinden geçirdi Zehra. "Hele şükür bugün kafamı dinledim."

Daha sonra mutfağa geçti. Kirlenmiş olan kahve fincanlarını yıkadı. Salona dönerken, çalışma masasının üzerinde duran Marquez'in Yüzyıllık Yalnızlık adlı kitabını gördü. Birkaç gün önce okumak için evden getirdiğini hatırladı. Salona geçerken kitabı da yanına aldı. Birkaç adım atmıştı ki kitabın arasından bir fotoğraf, havada uçuşan bir kuş tüyü gibi hafifçe süzülerek yere düştü. Eğilip fotoğrafı yerden aldı. "Aman Allah'ım," dedi hüzünlü bir sesle. "Bu fotoğrafın ne işi var burada?"

O anda krem rengi koltuğun üstüne yığılıp kaldı. Fotoğrafı tutan elleri tir tir titremeye başladı. Tam tamına on iki yıl önce bankada çalıştığı dönemde çektirmiş olduğu bir fotoğraftı elinde tuttuğu. Gözyaşı titreyen ellerine bir yağmur damlası gibi düşerken, "Vay be, ne güzel günlermiş o günler. Kıymetini şimdi yeni yeni anlıyorum," dedi içinden derin bir of çekerken. "Demek koskoca on iki yıl. Dile kolay. On iki yılda neler oldu neler? O zamanlar genç bir kızdım. Şimdi ise iki çocuk annesi bir kadınım. Zafer daha yeni pratisyen doktor olacaktı. Maşallah bugün başarılı bir cerrah oldu. Ben ise..." dedi ve hüngür hüngür ağlamaya başladı.

Kendisine geldiğinde eliyle kafasına vurdu: "Ah seni salak kadın. Düştüğün duruma dön de bir bak. Utan, utan... Koca parası yiyen bir asalak olup çıktın. Üstelik kocanla ilişkin bile yolunda gitmiyor."

Bir süre sonra içinde derin bir sızı hissetti. Acı çektiği her halinden belliydi. Bir sigara yakmak için yığılıp kaldığı yerden doğruldu. Duvardaki aynada kendini gördü. Ağlamaktan gözleri kan çanağına dönmüştü. Sigaradan bir nefes alırken titreyen ellerine baktı. Acı acı gülümsedi. "Sen busun artık," dedi aynadan yansıyan görüntüsüne bakarken, "Titrek ve sulu göz, zavallı bir kadın."

O gün öğleden sonra Zehra'nın dikkatini bir şey çekmişti. Zafer oldukça düşünceli gözüküyordu. Hastalar ağır ağır gelmeye başlamıştı. İçerisi kalabalık olduğu için bir şey soramadı. Hastaların muayenesi bittikten sonra eve gitmek için hiç zaman kaybetmeden yola koyuldular.

Yol boyunca Zafer'in ağzını bıçak açmadı. Zehra bir yola bakıyor arada bir ise Zafer'e bakıyordu. Eve yaklaştıkları sırada en sonunda dayanamayıp sordu.

"Sen iyi misin?"

Zafer kendisine sorulan soruyu hiç duymadı.

Bunun üzerine tekrar sordu Zehra. "Şşşt beyefendi! Sana soruyorum. İyi misin?"

Zafer arabayı evin parkına sokarken, "Hı?" dedi.

"Duymuyor musun beni? Bir saattir sana sesleniyorum. Bir şey mi oldu?"

"Hayır," dedi Zafer panikle. "Ne olabilir ki? Neden sordun?"

"Allah, Allah," dedi Zehra. "Neden soracağım ki? Galiba kendinden haberin yok senin. Bugün geldiğinden beri tek kelime bile etmedin. Ayrıca çok düşünceli gözüküyorsun."

Tam o sırada Zafer arabayı park etti. "Tamam, geldik," dedi arabadan inerken.

"Bir şey söylemeyecek misin?" dedi Zehra arabadan indiğinde.

"Çocuklar evde mi?"

"Bugün Cuma. Nerede olduklarını biliyorsun. Niye sordun?"

"İyi," dedi. "Sormayalım o zaman. Sorduk suç mu işledik?"

"Tamam," dedi Zehra. "Anlaşılan bir şey anlatacağın yok. Ne halin varsa gör."

Zafer, Zehra'yı beklemeden koşar adımlarla eve girdi.

"Allah'ın öküzü," dedi arkasından Zehra. "İnsan en azından beni de bekler."

Bilge ve Barış evde yoktu. Hemen hemen her Cuma okuldan çıkıp anneannelerine gidiyorlardı. Cumartesi günü ise akşama doğru eve geri dönüyorlardı.

Zehra içeri girdiğinde Zafer odasındaydı.

"Ben önce bir duş alacağım," diye seslendi Zafer'e. Daha sonra yatak odasından bir havlu aldığı gibi banyoya girdi. Saçını fön makinesiyle kuruttu ve banyodan çıktı.

Zafer hâlâ odasındaydı.

"Sen duş alacak mısın, yoksa sofrayı hazırlayayım mı?" diye seslendi Zafer'e.

"Ben duş almayacağım."

"Peki öyleyse. O zaman sofrayı hazırlıyorum."

Zehra içeri salona geçti. Telefonun ahizesini kaptığı gibi mutfağa girdi. Bir taraftan çocuklar ile konuşuyor bir taraftan da yemeği hazırlıyordu. Aradan yarım saate yakın bir zaman geçmişti.

"Hadi," dedi en son konuştuğu annesine. "Yarın görüşürüz. Şimdi yemek yiyeceğiz. Çocuklara iyi bak. Daha sonra yine ararım."

Telefonu kapattığı gibi bağırmaya başladı.

"Yemek hazır, gelebilirsin."

Zafer sessizce gelip sofraya oturdu. Zehra da tam karşısına oturmuştu.

"Ne içersin?"

"Bir bardak su."

"Peki. Kola ister misin?"

"Hayır."

Zehra, Zafer'in önüne bir bardak suyu koyduğunda, "Bugünde muhabbetine doyum olmuyor senin," dedi imalı imalı.

Ansızın yerinden fırladı Zafer. "Yeter artık üstüme gelme. Al yemeğini başına çal Allah'sızın karısı," dedi ve arkasını dönerek tekrar odasına gitti.

Zehra öylece kalakaldı. Tekrar sandalyesine oturdu. Ne yapacağını şaşırdı. "Ben ne dedim ki şimdi?" diye kendi kendine söylendi. Bir sigara yaktı. Daha sonra yaptığı yemeği olduğu gibi çöpe döktü. İçeri salona geçti. Bir kadeh viski koydu. Fondip yaptı. Bir tane daha koydu. Onu da fondip yaptı. Aç karnına olduğu için içki etkisini göstermişti. Başı hafif hafif dönmeye başladı.

İçkinin etkisiyle bir anda cesaretini topladı. Arka odaya gitti. Zafer odanın kapısını kilitlemişti. Zehra kapıyı birkaç kez yumrukladı.

"Aç kapıyı."

"Ne var?" dedi Zafer.

"Bana bunu yapamazsın. Ben senin karınım. Bana böyle davranamazsın," dedi ağlayarak.

"Git başımdan. Beni yalnız bırak."

"Aç kapıyı dedim sana. Beni çıldırtma. Yoksa buzlu camı kıracağım."

Zafer kapıyı açtı.

"Ne var? Ne istiyorsun?"

Zehra ayakta durmakta zorluk çekiyordu artık. İçki kanına iyice karışmaya başlamıştı. O arada Zafer de bir-iki kadeh votka içmişti.

"Sana soruyorum," dedi Zehra. "Neden böyle davranıyorsun bana?"

Zafer kolundan çektiği gibi Zehra'yı salona götürdü. Sehpanın üzerinde duran viski şişesini uzandı. Bir kadeh daha viski koydu Zehra kendisine.

"Yeter," dedi Zafer. "İçme artık."

"Sen sus. Benim keyfimin kahyası değilsin. Bana iyi bak. Bu kadın senin eserin. Bak! Kaçırma gözlerini. Bana iyi bak dedim sana. Beni ruh hastası yaptın aşağılık herif. Şimdi ne güzel yemeğimizi yiyorduk akşam akşam. Karışma dedim sana. Karışma hayvan herif, karışma bana."

"Tamam," dedi Zafer daha fazla üstüne gitmeden.

O sırada diğer viskiyi de fondip yaptı Zehra. Bir sigara yaktı. Eli ayağı titriyordu. "Hadi konuş," dedi. "Bana bu akşam neden böyle davranıyorsun?"

"Bir şey yok," dedi Zafer sessizce.

"Kes," dedi. "Sen kimi kandırıyorsun? Karşında çocuk yok senin."

Bu sefer sesini yükselten Zafer oldu.

"Bir şey yok dedim sana Allah'sız karı. Beni anlamıyor musun? Bir şey yok."

Zehra son içtiği kadehten sonra kendisini iyice kaybetmişti. Ne yaptığını artık kontrol edemiyordu. Boş bardağı Zafer'e doğru fırlattı. Bardak, Zafer'in yüzüne isabet etmişti. Bir anda yüzü gözü kan içinde kaldı. Yanında duran küçük yastığı yüzüne, kesilen yere bastırdı. O sinirle Zehra'nın yanına geldi. Bir tokat patlattı yüzüne. Olduğu yere yığılıp kaldı Zehra. Rasgele birkaç tokat daha attı.

Zehra alkolün etkisiyle hiçbir acı hissetmedi. Zafer bu sefer saçlarından tuttu. Gözlerinin içine baktı. "Az önce sen ne dedin? Gözlerime mi bak dedin. Al sana bakıyorum şimdi. Ne olduğunu mu öğrenmek istiyorsun? Seni başka bir kadınla aldattım. Kiminle mi aldatım? Onu da merak ediyor musun? Sevişmesini bilen bir kadınla."

Daha sonra Zafer elini doladığı saçlarından çekti Zehra'nın. Yere yığıldı. Tir tir titriyordu. Bir süre sonra ağlamaya başladı. "Beni affettiğini söyle," dedi Zehra'ya. "Beni bağışladığını söyle." Oturduğu yerde Zehra'nın yüzü bir ölünün yüzü gibi bembeyazdı. Acı acı gülümsedi. Sabah Nigar ile konuştukları şeyler bir film şeridi gibi geçti gözlerinin önünden. "Bu bir takdiri ilâhi mi yoksa?" dedi kendi kendine.

Ayağa kalktı. Başı dönüyor, midesi bulanıyordu. Yerde duran Zafer'in yanından geçip banyoya gitmeye çalıştı. Hole geldiğinde kendisini daha fazla tutamayıp kusmaya başladı. Yere yığıldı. Hıçkıra hıçkıra ağlamaya başladı. Bir süre öylece oracıkta kalakaldı. Daha sonra mutfağa doğru sürünerek gitti. Tezgahın üzerinde duran telefonun ahizesini aldı ve kız kardeşini aradı.

"Gel beni götür bu evden."

CEVİZ AĞACI

Ertesi günün akşamı, Şile'deki babaannesinden kalan müstakil evin bahçesindeki o büyük ceviz ağacının altında bir başına oturmuştu Zehra. Karanlık iyiden iyiye çökmüştü. Havada sonbahar akşamının hafif serinliği vardı. Ceviz ağacının yaprakları çıkan rüzgârda hışırdamaya başlamıştı. Yıldızlar diğer gecelerdeki gibi o kadar da parlak değildi. Onca yitip giden zaman, esen rüzgârın kanatlarındaydı sanki. Olanca hızıyla bir geçmişe bir bugüne esip, Zehra'nın anılarının arasından bulup buluşturduğu kırık dökük parçaları aklına savuruyordu. Kimleri getirmedi ki aklına o gece Zehra'nın. Bir an babaannesi gözlerinin önünde belirdi.

Zehra küçük bir kızken, babaannesini yer yer ak düşmüş saçlarını gül suyu ile tararken görmüştü. Sarı dalgalı saçlarını şöyle bir savurduktan sonra, "Babaanne ne kadar güzel saçların var.

Benim de saçlarım seninkiler gibi beyaz olacak mı?" diye sormuştu çocuksu bir edayla. O zamanlar, saçlara düşen ilk beyazın ölümle nişan olduğunu anlayamayacak kadar küçük olduğundan olsa gerek, babaannesi bu sorusunu geçiştirmişti. Ertesi gün ailece piknik yapmaya gitmişlerdi. Zehra çimlerin üzerinde oturup, babaannesinin kendi elleriyle yaptığı tarçınlı kurabiyeleri yiyordu. Babaannesi bir ara torununu dizlerinin üstüne yatırıp parmaklarını saçlarının arasından geçirerek okşamaya başladı. Sonra kuşların cıvıltılarına karışan sesiyle, "Küçüğüm," diye kulağına fısıldadı.

"Bir gün saçlarına beyazlar, ipek tenine çizgiler düşecek. Bundan asla korkmamalısın. Bil ki, bu çizgiler senin yaşadığın yılların ve anılarının şahitleri olacaktır. Dolu dolu, içinden geldiği gibi yaşa. Dilerim hep mutlu olursun ama acıların da olacaktır. Acılarını yaşamaktan korkma. Anılarına küsme. İşte o zaman yıllar sonra gözlerinin altında, ellerinin üstünde oluşan çizgilerinden de korkmazsın. Hiçbir şeyi olduğu gibi içine gömüp üzerini örtme. Bilesin ki, içimize attığımız her şey, yıllar sonra bile uygun ortamı bulduklarında tıpkı çim tohumları gibi yeniden yeşerirler. Halbuki her şeyi zamanında bırakmak lazım."

Akşamdan yanan ateşin alevleri ceviz ağacının gövdesine iyice yansımıştı. Yansıyan ışıkla birlikte babaannesinin sisli görüntüsü bir anda kayboldu gözlerinin önünden. Ateşin çıkardığı duman yaprakların arasından yukarıya doğru süzülüyordu. Küçük odunlar küllenmişti. İrice olanlar ise yanmaya devam ediyordu. Ateşin çıkardığı renkler, fosforlu kırmızı korun üzerinden ahenkle yükseliyordu. Morlu, mavili, yeşilli, turunculu renkler ateşle dans etmeye çoktan başlamıştı bile. Ateş, odunla bütünleşmişti.

Ay'ın önünden geçen bir bulut, perde gibi indi gecenin üzerine. "Acaba ben aşkı hangi renklerle anlatırdım? Elime fırçayı alsam tuvali hangi renklere boyardım?" diye saçma sapan bir soru sordu içtiği sigaranın dumanı ateşin dumanına karışırken, "Beni affet Zafer," dedi. "Zamanında fani bedenini Ağrı Dağı'na giydirip seni ölümsüzleştirdiğim için."

Gözyaşları iyiden iyiye hıçkırıklarına karışmıştı Zehra'nın. Kız kardeşinin bu çaresiz halini gören Zerrin, kapı aralığının ardında onunla birlikte ağlıyordu. Zehra'dan üç yaş küçüktü. Erkek kardeşi Ali'den ise sekiz yaş. Ablasının aksine Zerrin, kumral saçlı ve siyah zeytin gözlüydü. "Benim zavallı ablacığım," dedi için için o da ağlarken.

Elinde tuttuğu kahve çoktan soğumuştu. Tekrar mutfağa döndü Zerrin. Soğumuş kahveleri mutfak tezgâhının üstüne bıraktı. Küçük karanlık odada duran viski şişesini aldı. Birer kadeh koyduktan sonra tekrar bahçeye, ceviz ağacının altına, ablasının yanına döndü. Zerrin, viski kadehini ablasına uzatıp yanındaki bambu koltuğa oturdu. "O şerefsiz herif beni başka bir kadınla aldatmış Zerrin," dedi kız kardeşine ağlarken.

Bir anda nedense viski içmek istemedi Zehra. Aklı bulansın istemiyordu. Ne kadar acı verse de itiraf anını belleğinde yaşatmak istiyordu tekrar tekrar. Sindirmeye çalışıyordu olanları. Kaçmamaya, olayla yüzleşmeye karar vermişti. Elinde tuttuğu içi viski dolu bardağı sehpanın üzerine bıraktı.

"Nefret ediyorum Zerrin nefret!" dedi içindeki kızgınlığı dışarı kusarken. "Bu, benim başıma nasıl geldi? Bana bunu nasıl yaptı? Bana? Ona her zaman arka çıkan bana? İşini gücünü bırakıp onun peşinden Türkiye'nin bir ucuna giden bana? Çok yorgunum dediğinde dünyaları durduran, ona her koşulda anlayış gösteren bana? İki çocuğa mükemmel annelik yapmış bana? Sen benim her şeyimsin, canımsın, seni bu dünyada hiçbir şeye değişmem, değişemem dediği bana?"

Zerrin bir çırpıda mutfağa koşup hıçkırıkları ardı ardına kesilmeyen Zehra'ya bir bardak su getirdi. "Yalvarırım sakin ol, yalvarırım Zehra lütfen. Değmez ona. Değmez," diye avutmaya çalıştı ablasını. Zehra'yı daha önce hiç böyle görmemişti. Her zaman teselli gören, tavsiye alan taraf kendisiydi. Şimdi roller değişmişti. Açıkçası bu durum onu korkutuyordu. Ne diyeceğini bilemiyordu. Kendini çok çaresiz hissediyordu. Zaten nasıl avutabilirdi ki Zehra'yı. Ne dese boş değil miydi?

"Nasıl sakin olayım Zerrin, nasıl? Şu ana kadar hiç Zafer'e karşı bir yanlışımı gördün mü? Ya da bir yanlışım olduğunda hemen düzeltmedim mi kendimi? Onun o çok önemli, benden ve çocuklarından daha önemli akademik ortamında her zaman kusursuz eşi oynamadım mı? Neden bunlar benim başıma geldi? Neden Zerrin, neden?"

Zerrin, çaresiz bir şekilde uzanıp ablasının elini tuttu. "Değmez o hayvana. Değmez."

"Hayır değer," dedi Zehra. "Bu değeri ona ben verdim. Kendime tutunamadım. Hayatımı onun üzerine kurdum. Gözümde onunla ilgili içi boş bir balon yaratmışım ben. İnanamıyorum. İnanamıyorum ki. İnanamıyorum. Bana bunu nasıl yaptı? Nasıl? İnanamıyorum. Çocuklara ne diyeceğim ben? Ne yapacağım şimdi? Bir daha onu görmek istemiyorum. Çocuklara ne diyeceğim ben? Ne?"

İki kız kardeş bu sefer birbirlerine sımsıkı sarılmışlardı. "Düşünme şimdi bunları. Herkes hak ettiğini yaşar. O da hak ettiğini elbet bulacak," dedi Zerrin eliyle sırtına vururken Zehra'nın.

"Benim gibi değil mi?", dedi yorgun bir gülümsemeyle Zehra. "Ben bu adi herifi hak ettim. Nasıl bir kadındı acaba? Basit bir fahişe mi? Yoksa hayran asistan ordusundan biri mi? Benden akıllı mıydı? Güzel miydi? Daha mı gençti? Neden yaptı bunu? Neden? Yo, hayır aptallık bende. Ben hak ettim bunu. Hayatımı ona adadım ben Zerrin. Başıma geleni de hak ettim. O mükemmeldi, tabii mükemmel. Bu evliliği devam ettirmek için ben her şeyden vazgeçmeliydim, o değil. Eee tabii sonuçta o ünlü Doçent Zafer Ateşoğlu değil mi? Ben de onun yanında dolaşan koşulsuz sadık eş! Yüzünü görmeliydin Zerrin. Bana ihanetini anlatırken yüzünü bir görmeliydin. Çok zavallıydı; ama çok. Ama o sinsi hayvan kendini düşünüyordu mutlaka o zaman da. Bu olay yakın çevresi tarafından duyulursa ne düşünürler diye? Pislik. Nasıl da bir anda alçaldı gözümde. Bitti benim için bu ilişki, kesin bitti. Bu adamı bir daha asla görmek istemiyorum. Çocuklara ne diyeceğim ben peki? Ne diyeceğim?"

Boğazı kurumuştu. Suyundan bir yudum daha aldı Zehra. Tükenmiş hissediyordu kendini. Ağlamaktan, konuşmaktan yorulmuştu. Zafer'in acınası yüzünü düşündü tekrar. Ne kadar da zavallı gelmişti o mükemmel kocası ona. Belki de ilk defa kendini Zafer'den üstün hissetti. Daha sonra elini Zerrin'in elinden çekti. Ondan uzaklaştı. Kız kardeşinin gözlerinin içine baktı. "Bana viskimi uzatır mısın?"

TÖVBEKÂR

O sabah, bir ölünün vücudu gibi bedeni adeta buz kesmişti Zafer'in. Yüzü mosmordu. Parmaklarının ucu soğuktan zonklüyordu. Etine iğne batırsan acıyı hissetmezdi. Nefes alıp vermekte güçlük çekiyordu, hızlı adımlarla fakültenin koridorunda yürürken. Belli ki düşünceliydi. Koridorun sonuna geldiğinde yüz on iki numaralı kapının önünde durdu. Derin bir nefes aldı. Kapının kolundan tuttuğu gibi içeri daldı. "Puşt herif," dedi meslektaşı Tamer'e. "Bunu bana nasıl yaparsın?"

Masada gömülü olduğu kitapların arasından başını kaldırarak sesinden tanıdığı arkadaşı Zafer'e baktı. Büyük bir şaşkınlık ifadesi belirdi yüzünde Tamer'in. Oturduğu yerden ayağa kalktı. "Puşt senin babandır," dedi sinirli sinirli. "Ne diyorsun lan sen? Odama böyle girme hakkını kim verdi sana?"

Duyduğu bu sert sözler Zafer'in yüzüne bir tokat gibi indi. O an için ne söyleyeceğini unuttu. Şaşkın şaşkın arkadaşının yüzüne baktı. Neyse ki bu şaşkınlığı çok uzun sürmedi. "Senin yüzünden dünya âleme rezil oldum," dedi büyük bir öfkeyle bağırırken. "O gece yaşadığımız boklukları başkaları bilmek ve gizlice çektiğin görüntüleri herkes izlemek zorunda mıydı?"

"Özür dilerim," dedi Tamer. "İşin bu noktaya varacağını ben de bilemedim. Rezil olan bir tek sen değilsin."

"Artık çok geç," dedi Zafer. "Senin gibi dost, düşman başına. Meğerse seni hiç tanıyamamışım. Yazıklar olsun bana. Sana güvenmek hayatımın en büyük hatasıymış. Bir gecelik bir hatanın bedelini çok ağır bir şekilde ödüyorum sayende şimdi."

"Peki öyle olsun," dedi Tamer.

"Doğru. Tek suçlu benim. Nataşa karıları o gece düzerken iyiydi. Sahi! Gerçeği söyle bana. O gece düzmediğin karı kaldı mı?"

"Sus," dedi Zafer. "Daha fazla iğrençleşme."

"Pardon beyefendi," diye alaycı bir şekilde konuşmasını sürdürdü Tamer.

"Suçu benim üstüme atmadan önce biraz da kendini suçlasan diyorum. O gece mutluluktan ağzın kulaklarına varmıştı. Sonradan suçluluk duyacağın bir şeyi neden yaptın peki?"

"Ben nereden bilebilirdim senin böyle bir şerefsizlik yapacağını."

"Konuşmana dikkat et. Seni son kez uyarıyorum. Bana ne şerefsiz ne de puşt diyemezsin. Şerefsiz biri varsa o da sensin. Unutma! Karımı aldatan ben değilim."

"İğrenç herifin tekisin sen."

"İğrenç olan sensin. Şu ana kadar ne iğrençliğimi gördün? Ulan arkandan iş mi çevirdim? O gece kasıklarını boşaltırken senin için benden daha iyisi yoktu. Ya şimdi? Kötü olan benim.

Çorap mı ördüm senin başına? Karınla mutsuz olduğunu söyleyen sen değil miydin? Biraz dürüst ol. Adamı deli etme."

"Ama..." dedi Zafer buz kesmiş bir şekilde.

"Bu işin aması maması yok be kardeşim," dedi Tamer, Zafer'in sözünü ağzına tıkayarak.

"Allah aşkına sus. Artık olan oldu. Bu kadar basit kardeşim. Kimse artık zamanı geri getiremez. Keşkeler de yok. Bu yaşadığımız olay gerçek oğlum, gerçek. Seninle benim gerçeğim. Millet bize gülüp geçebilir ama bize gülen o prostatlı ibneler kendilerine baksın. Birçoğu genç asistanlarına kur yapmaktan helâk oldular."

Ansızın karşısında duran Tamer'in yakasına yapıştı Zafer. Kendisini koruma içgüdüsü olsa gerek Tamer, arkadaşı Zafer'in hayalarına bir tekme salladı.

Zafer bir anda nefesinin kesildiğini hissetti. Birkaç saniye sonra odanın içinde garip bir hırıltı sesi yankılandı. Elleri arkadaşının yakasından çözülerek aşağıya doğru bedeni ile birlikte kayıp düştü. Olduğu yere yığılıp kaldı.

Tamer paniğe kapıldı. Masanın üzerinde duran bir bardak suyu kaptığı gibi Zafer'e içirmeye çalıştı. Kravatını gevşeterek başından tuttu, yukarı dizlerinin üzerine koydu. Bir süre öylece kalakaldılar. Kendisine geldiğinde Zafer, tepeden bakan bir çift gözle karşılaştı. Tamer'in üzgün olduğu her halinden belliydi. "Özür dilerim," dedi mahcup bir tavırla. "Bana vuracağını zannettim. Ani bir refleksti sadece benimkisi."

Zafer hiçbir şey söylemeden ağır ağır kendini toparlayıp ayağa kalktı. Darmadağın olan üstüne başına çeki düzen verdi. Büyük bir hırsla girdiği odayı bu sefer sessizce terk etti.

Odasına geri döndü. O gün ne ameliyatı vardı ne de hasta kabul günüydü. Kapıyı içeriden kilitledi. Küçücük odada yalnız başına kaldı. Öğle vaktine kadar boş boş oturdu. Kafası düşüncelerle doluydu. Bu düşünceler ona ardı arkası kesilmeyecek şekilde devamlı sigara yaktırdı. Paketin içinde kalan en son sigarayı yakarken ezanın okunduğunu duydu. Bedeni anlamsız bir şekilde titremeye başladı.

Daha sonra oturduğu yerden kalktı. Yere diz çöktü. İki elini yukarı doğru açtı. Olduğu yerde bir ileri, bir geri sallanmaya başladı. "Ne olur?" diye yalvarmaya başladı. "Beni affet Allah'ım. Günahkâr bir kulunum. Ne olur beni bağışla."

Zafer o gün saatlerce Allah'tan kendisini bağışlamasını diledi. Tövbe etti. Ettiği bu tövbeyi az bulmuş olmalı ki, tekrar tekrar yüzlerce kez tövbe etti. Ezan çoktan okunup bitmişti.

Küçük odasının içinde bulunan küvetin başında abdestini aldı, namazını kıldı. Kolundaki saate baktı. Akşam olmak üzereydi. İçini kaplayan huzur karşısında şaşırdı. "Tövbekâr olmak güzel bir duygu," dedi kendi kendine.

Kapıya doğru yöneldi. Dışarı çıktığında koridor bomboştu. Durdu. Uzun ince koridora baktı. "Çok şükür Allah'ım sana. Bundan sonra senin yolundan gitmeyen kâfirdir," diye söylendi.

DÖRT MEVSİM

⚜

Gecenin sessizliği, yerini günün ilk ışıkları ile birlikte sokaklara dökülen arabaların çıkardığı gürültüye bırakmaya başlamıştı. Hava, yağmur yüklü bulutlarla doluydu. Geceden beri hiç durmaksızın yağmur yağıyordu.

O sabah erkenden uyanmıştı Zehra. Uyanır uyanmaz başucunda duran saate baktı. "Tüh," dedi. Dün geceden kurduğu alarmın çalmasına daha yarım saat vardı. Tekrar uyumak için yatakta bir sağa bir sola döndü.

Uyku tutmayınca yataktan kalktı. Odanın içi loştu. Perdeyi açtı. Dışarısını görür görmez, "Olamaz," diye söylendi. "Bu nasıl bir hava? Bendeki şans da bu kadar olur!"

Bilge ve Barış daha uyuyordu.

Mutfağa geçti. Alelacele bir kahve yaptı kendisine. Birkaç yudum aldıktan sonra hazırlanmak için banyoya koştu. Bir duş aldı. Saçlarını hafiften kuruttu. Aynada yüzüne baktı. Gülmeye başladı. O küçücük ellerini yumruk yaparak havaya kaldırdı. Birkaç kez yumruğunu sıkarak havada salladı. Bu hareket onun. için kararlı olmanın ve yeniden doğmanın bir ifadesi gibiydi. Hazırlanıp evden dışarı çıkarken, "Beni utandırma Allah'ım," diye mırıldandı. Arabasına atladığı gibi Etiler'den Bakırköy'ün yolunu tuttu. Yağmur giderek hızlanmıştı. Arabanın silecekleri yağan yağmuru güçbela da olsa camdan silip atıyordu. İstanbul Caddesi'ne geldiği zaman adliyenin karşısındaki Çetinkaya mağazasının önünde bekleyen arkadaşı Ayşe'yle buluştu.

"Görüyor musun kız?" dedi Zehra. "Tam da gününü seçmişiz. Havaya baksana."

"Aman boş ver şekerim. Yağmur berekettir. Şeker değiliz ki eriyelim."

"Vallahi haklısın. Gideceğimiz yer buraya çok mu uzak?"

"Hayır," dedi Ayşe, Zehra'nın şemsiyesinin altına girerken. "Hemen şurası. Sağdan dördüncü bina."

İki kadın, yağan yağmurda koşmakla yürümek arasında bir hızla hareket ederek gidecekleri binanın önünde durdular. Ayşe önden ilerledi. "Hadi," dedi Zehra'ya. "Gelsene. Daha ne bekliyorsun?"

"Bir saniye. Dıştan binaya bakacağım."

"Şimdi binaya bakmanın sırası mı? Sırılsıklam olacaksın."

"Canım şeker değiliz ki eriyelim."

"Deli misin sen? Çabuk içeri gir. Papağan gibi söylediklerimi tekrar edip durma."

"Tamam, kızma. Geldim işte," dedi gülerek Zehra.

Zehra kapının önüne geldiğinde, "Burası beni kendine çok çekti. Görür görmez ısındım. İnşallah adamla anlaşırız. Burasını istiyorum," dedi.

"Dur bakalım. Hemen alıcı gözükmeyelim. Alıcı olduğumuzu anlarsa, adam fazla fiyat çeker. İsteksiz gibi davranıp fiyatı düşürmeye çalışalım."

Güldü Zehra arkadaşına. "Senden iyi tüccar olur vallahi." Kapının önünde duran sepetten birer temiz galoş alıp ayaklarına geçirdiler. İçeri girdiler. Binanın içi rengârenkti. İlk girişte duran bir sürü küçük ayakkabı dikkatini çekti Zehra'nın.

"Allah aşkına şunlara bir baksana Ayşe. Ne kadar da sevimli şeyler. Bilge ve Barış'ın küçüklükleri aklıma geldi. Onların da böyle küçücük ayakkabıları vardı." Sonra gözlerini ayakkabılardan alıp içeri doğru baktı. "Ne kadar da sessiz bir çocuk yuvası," dedi.

Çok bilmiş bir yüz ifadesi takındı Zehra'ya, Ayşe. "Bu sessizlik seni yanıltmasın. Birazdan burası karnaval yeri gibi olur. Koşturan mı istersin, ağlayan mı istersin, yoksa susup bir kenara çekilip ilgi isteyen çocuk mu istersin?"

Odanın birinden genç bir kız çıktı. "Buyurun. Kimi aramıştınız?" dedi kibar bir ses tonuyla.

"Ömer Bey ile görüşecektik," dedi Ayşe.

"Kim geldi diyeyim?"

"Ayşe Toprak."

"Bir saniye bekler misiniz? Haber vereyim kendisine."

Kız birkaç saniyeliğine ortadan kaybolurken, "Ne kadar kibar bir kız. Bu kızı gözüm tuttu. Şayet adamla anlaşırsak, bu kızın burada kalmasını isterim," dedi Zehra.

"Bakıyorum da hemen patron havalarına girdin," dedi gülerek Ayşe.

Tam da "Yok canım," diyecekken, adamın biri karşılarına dikildi.

"Hoş geldiniz."

"Hoş bulduk," dedi Ayşe. "Sizi Zehra Hanım ile tanıştırayım."

"Memnun oldum," dedi adam Zehra'nın elini sıkarken.

Zehra, adama hafifçe gülümsedi. "Ben de memnun oldum."

Adam odasına davet ederken, "Önce ne içersiniz?" diye sordu. Çay diyecekken Ayşe, Zehra hemen söze girdi. "Çay içmeden önce binayı gezebilir miyiz?"

Bunun üzerine adam gülümsedi. "Biraz sabırsızız galiba," dedi.

"Ne münasebet," dedi Zehra, ciddi bir ifade takınırken. "Önce görmeyi tercih ederim. Sadece gördüğüm bir yer üzerine konuşmak daha mantıklı geliyor bana."

Adam bu sefer utancından olmuş olacak ki kekeleyerek, "Haklısınız," dedi.

Bir saate yakın dört katlı çocuk yuvasını baştan aşağıya gezdi Zehra. Ayşe'nin söylediği gibi gerçekten de çocuklar sabahın erken bir saati olduğu için uyuyorlardı.

"Saat kaçta yuvaya geliyor çocuklar?" diye sordu Zehra.

Adamın mahcupluğu çoktan geçmişti. Bu sefer kekelemeden, "Saat 08:30 gibi."

"Ah zavallı çocuklar," dedi.

"Birçoğunun annesi çalışıyor," dedi adam.

"Siz neden burayı devrediyorsunuz?"

"Ailevi nedenlerden dolayı."

"Böyle güzel bir işi bırakacak ailevi neden ne olabilir ki? Doğrusu merak ettim."

Adamın yüzü kızardı. Bir süre öylece kalakaldı. Yine kekelemeye başlamıştı. "Biz eşimle boşanıyoruz."

Ayşe, yüzüne baktı Zehra'nın.

"Özür dilerim. Kabalık etmek istememiştim," dedi Zehra.

"Önemi yok," dedi adam. "İsterseniz şimdi çayımızı içebiliriz."

"İyi olur," dedi Ayşe söze girerek. Adam önden giderken, Ayşe ise kıs kıs gülerek Zehra'nın kolunu çimdikliyordu. Sessizce kulağına eğilip, "Ne yaptın kızım?" diye sordu.

"Ne bileyim adamın boşanıyor olduğunu," dedi Zehra alttan alta gülerken.

O gün kıran kırana bir pazarlık oldu. Adam, Zehra'nın pazarlık gücü sayesinde satmak istediği fiyatın çok altına inmek zorunda kalmıştı. Yaklaşık bir saat sonra Zehra, adamın elini sıkarken, "Her ikimiz için de hayırlı uğurlu olsun," dedi.

"Kazancını görün," dedi adam yorgun bir ses tonuyla.

"Sağ olun," dedi.

"Çetin cevizmişsiniz. İyi bir pazarlık yaptınız. Önce beni yordunuz, sonra fiyatı aşağı indirdiniz. İlk gelişinizde anlamıştım gözü açık biri olduğunuzu."

Adamın bu lafı üzerine iki kadın gülüşmeye başladı. "Beni gerçekten utandırdınız," dedi Zehra. "Ama hesap kitap yapmak zorundayım. Annemin biraz birikmiş parası vardı. Bu iş için o parayı borç aldım. Biraz da benim birikmişimi üstüne koydum. Yani anlayacağınız varımı yoğumu bu işe yatırıyorum."

"Anlıyorum," dedi adam.

Zehra daha fazla lafı uzatmadı.

"Yarın devir işlemlerine başlasak mı?"

"Siz nasıl isterseniz."

Adamla ertesi gün buluşmak üzere tekrar sözleştiler. Tam kalkacaklardı ki üst kattan aşağıya koşturarak inen çocukların ayak seslerini duydular. Zehra gülmeye başladı. "Galiba burada yaşam yeni başlıyor," dedi.

Kapının önüne geldiklerinde ayaklarına geçirdikleri galoşları kirli sepetin içine atarlarken adam, "Düşündünüz mü?" diye sordu.

Zehra şaşkın şaşkın adama baktı.

"Neyi?"

"Yuvanın yeni ismini."

"Evet," dedi Zehra dışarıda yağan yağmura bakarken.

"Dört Mevsim."

"Güzel bir isimmiş," dedi Ayşe kapıdan çıkarken. Daha sonra iki arkadaş tekrar aynı şemsiyenin altına girdiklerinde, "Ne yapalım biliyor musun?" diye sordu Zehra.

"Ne yapalım?"

"Neredeyse öğle oldu. Sana güzel bir yemek ısmarlayayım. Hem de yeni işimi kutlamış oluruz."

"Hayatta olmaz," dedi Ayşe. "O kadar ucuza kapatamazsın beni. Bir yemekle beni kandıracağını sanıyorsan yanılıyorsun."

"Biliyorum ama küçük bir başlangıç yapmaya ne dersin?" dedi arkadaşının beline sarılırken.

Sahil çok yakınlarındaydı. Galleria alışveriş merkezinin yanındaki Gelik Restoran'a gittiler. Cam kenarında iki kişilik masaya otururken, aç karnına içtikleri demli çaydan olsa gerek ikisinin de midesi bulanıyordu. Hemen garsona ezogelin çorba söylediler. Arkasından ise kömürde pişen dönerden pilav üstü sipariş ettiler.

"Neden Dört Mevsim ismi?" diye sordu çorbasından bir kaşık alırken Ayşe.

"Hayatımla çok benzerlik taşıdığı için."

"Nasıl yani?"

"Değişim. Daha ne olsun Ayşe. DE-Ği-ŞİM. Mevsimler gibi değişen bir yaşam değil mi bizimkisi?"

"Haberi var mı?" diye sordu Ayşe.

"Kimin?"

"Hadi yapma. Anladın kim olduğunu. İşte onun."

"Bu saatten sonra kimin umurunda. Film çoktan kopmuş bizim için. Haberi olsa ne yazar olmasa ne yazar? Hem suçlu hem de güçlü mü olacak beyefendi? Süt dökmüş kedi gibi adi herif."

Konuşurken Zehra'nın çok acı çektiği her halinden belliydi. Geçmişi unutmak istemişti ama bazen kötü bir hatıra olarak karşısına çıkıyordu tıpkı o gün çıktığı gibi. Dalıp gitmişti istemeden de olsa o âna.

71

Zehra'nın içine kapandığını gören Ayşe, "Özür dilerim. Amacım seni üzmek değildi," dedi.

"Özür dileme benden. Bir suçun yok ki senin. Hatta iyi oldu bu konunun açılması. Hiç seninle konuşmadık değil mi? Daha doğrusu kimseyle konuşmayalı kaç ay oldu."

Lafı değiştirdi Ayşe bilinçli bir şekilde.

"Yuva fikri nereden aklına geldi?"

"Konuyu değiştirme."

"Konuyu değiştirmiyorum. Değiştirdiğimi de nereden çıkardın," dedi Ayşe anlamazlıktan gelerek.

"Bal gibi de değiştiriyorsun."

"Değiştirmiyorum."

"Değiştiriyorsun."

"Peki, evet. Değiştiriyorum. Ne olmuş yani değiştiriyorsam?"

"İlk kez biri ile konuşmak istiyorum. Aylardır sustum Ayşe. Sustum. Sen susmanın ne olduğunu biliyor musun? Ömrümden ömür gitti. Komik olan ne biliyor musun? Hiçbir suçun yokken kendini boş yere suçlamak. 'Büyük lokma ye ama büyük konuşma' demiş atalarımız. Doğru da demişler.

İşin başka bir garip tarafı ise ne biliyor musun? Onu suçlayacağıma hep kendimi suçladım. Hangi yetememişliğimin hatasıydı bu yaşadıklarım? Halbuki o hayvan herifin de bir insan olduğunu unuttum. Onun da hata yapabileceğini hiç hesaba katmadım. Aldatmak ve aldatılmak gibi. Bu iki kelimeden nefret ediyorum artık."

Pusuya yatmış bir kurt gibi beklemeye başladı Ayşe. "Ha şimdi ha birazdan," diye içinden geçirdi.

"Hiç boşuna bekleme," dedi Zehra. "Ağlayacağımı bekliyorsan avucunu yalarsın. Artık ağlama yok. O it herif için dökeceğim bir damla gözyaşım kalmadı benim. Ağlamaktan göz pınarlarım kurudu. Boşuna bekleme. Ağlamayacağım."

Karşısında duran güçlü kadın, tanıdığı, bildiği arkadaşı değildi sanki Ayşe'nin.

"Hayatım boyunca senin şu anda olduğun gibi olmaya çalıştım ama yapamadım," dedi Ayşe bir anda gözyaşlarına hâkim olamayarak. "Boşandıktan sonra hep bir erkeğin hayalini kurdum. Ama nedense bir türlü karşıma çıkmadı. Çıkanları da ben beğenmedim. Çocuklu birisi olunca beni kim ne yapsın? Erkeğin çocuğu olunca sen bakmakla yükümlüsün de senin çocuğun olunca hiçbir erkek seni istemiyor. Ne garip bir çelişki. Bir türlü sonu gelmeyen ilişkiler yaşamaktan bıktım. Bir kadınım. Dokunmak ve dokunulmak istiyorum. Sevmek ve sevilmek istiyorum."

Masada duran peçeteyi ağlayan arkadaşına uzattı Zehra. Derin bir iç çektikten sonra, "Ah," dedi. "Bizi bu duruma düşüren erkek milletinin Allah belasını versin."

Akan burnunu peçeteye silerken Ayşe, "Hiç boşuna beddua etme," dedi. "Boşuna. Ettiğimiz beddualar sonunda dönüp dolaşıp bizi buluyor. O domuzlara bir şey olmaz. Ertesi gün başka bir kadının koynuna girdiklerinde her şeyi unuturlar. Kurban olduğum Allah'ımın nasıl bir takdiri ilâhisi bu. Doğrusu anlamış değilim."

Daha sonra gözyaşlarını sildi Ayşe. "Kusura bakma," dedi Zehra'ya. "Biraz sinirlerim bozuk. Ne olur kusuruma bakma."

"Saçmalama," dedi can dostu, arkadaşının elini sıkarken. "Hepimizin başına gelen şeyler. Korkma. Bir tek ağlayan sen değilsin."

Burnunu çekerken gülümsemeye çalıştı Ayşe. "Yıllar önce," dedi. "Ben kocamı, beni aldattığı zaman affedememiştim. Bari sen affedebildin mi Zafer'i?"

"Hangi kadın affedebilir? Sana soruyorum Ayşe. Ne söylediğini kulağın duymuyor galiba senin. Defalarca kendimi sorguladım. Aynanın karşısından bir an olsun ayrılmadım. Nerede bir

73

kusurum var ona baktım. Aldatılmışlığı kabul edemedim Ayşe. Affetmek için ancak deli olmak gerekiyor."

"O zaman?" dediğinde Ayşe, lafın nereye geleceğini çok iyi tahmin etmişti Zehra. "Sen de haklısın," dedi. "Şimdi düşünüyorsun. Bu ne perhiz, bu ne lahana turşusu. Duygularım ile hareket etseydim çoktan boşanmış olmam gerekirdi senin gibi. Ama gel gör ki Ayşe gel gör ki, mantığım buna müsaade etmiyor. Sen değil miydin yıllar önce bana acaba boşanmakla hata mı ettim diyen. Yine sen değil miydin oğlun Burak'ın sorunları ve sorumlulukları karşısında boğulduğunu söyleyen."

Zehra'nın sorduğu soruların haklılığı karşısında başını evet anlamında sallayıp durdu Ayşe.

"Eee," dedi Zehra. "O zaman daha neyi konuşup duruyoruz. O günden sonra bu adam benim için bitti. İkimizin birlikte olamayacağını biliyorum artık. Yol ayrımının henüz başındayız. Ama daha bu ayrımın sonunu yaşamadık. Bilge genç kızlığa adım atıyor. Ona ne kadar düşkün olduğumu bilirsin. Üniversiteyi kazandığı güne kadar bekleyeceğim. O benim narin gül çiçeğim. Kendine özgü kırılgan bir yapısı var. Çok narindir o çok. Kızım, benim tutunduğum tek dalım. Bana ayakta kalma gücünü o veriyor."

"Yerden göğe kadar haklısın," dedi Ayşe.

"Ama," dedi Zehra. "Haklı olmak var olan gerçeği değiştirmiyor. Mutsuz bir kadın oldum çıktım. Çocuklarım için bağrıma taş basıyorum. Anne olmak başka bir duygu. Anne olmayan bu duyguyu bilemez. Çocukların için kendi hayatından vazgeçebiliyorsun. Bu büyük bir adaletsizlik. Belki beni eleştirebilirsin ama senin durumun benden farklı mı sanki? Bir dön bak kendine. Oğlun yüzünden doğru dürüst bir ilişki bile yaşayamıyorsun. Flört edeceğin erkeği bile ona göre seçiyorsun. Sonra da bu adamla evlenirsem oğluma iyi bir babalık yapar mı diye bakıyorsun. Allah aşkına söyle Ayşe. Öyle karşımda susup durma. Yanlış mı düşünüyorum?"

Derin bir ah çekti Ayşe. "Ne desem sana. Yerden göğe kadar haklısın. Doğru söze ne denir ki? Bizimkisi yaşam mı? Boşandım da ne oldu? Hiçbir bok olmadı. O evlendi, başka bir kadının koynuna girdi. Ben ise çocuğun sorumluluğu ile cebelleşip duruyorum. Ne zaman yüzüm gülecek onu da bilmiyorum."

"Bir gün," dedi Zehra. "Bir gün."

"İnşallah," diye geçirdi içinden Ayşe. "İnşallah."

İki kadın, konuşmaktan önlerindeki tabakta duran yemeğe ellerini bile sürememişlerdi. "Baksana," dedi Zehra zoraki de olsa tebessüm ederek. "Döner neredeyse buz gibi olmuş. Başka bir şey yemek ister misin?"

"Ben böyle iyiyim canım. İştah mı kaldı bizde?"

O sırada garson masaya geldi. "Pardon," dedi. "Dönerimizi beğenmediniz mi? Hiç el sürmemişsiniz."

"Beğendik beğenmesine de konuşmaktan yiyemedik. Siz bunları en iyisi kaldırın. Bize bir sade, bir de orta şekerli Türk kahvesi getirin," dedi Zehra.

İki arkadaş kahvelerin gelmesini beklerken birer sigara yaktılar. "O nasıl?" diye sordu Ayşe. "Neden böyle bir şey yapmış? Hiç sordun mu?"

"Nasıl sorayım Ayşe? İçim üzüntüden tir tir titrerken nasıl sorarım? Dünya başıma yıkılmış. İçime bir acı gelip çöreklenmiş. Sormak kolay mı? Evliliğimiz belki güllük gülistanlık olmayabilirdi. Ama bu beni aldatmasını gerektirmezdi. Keşke olmasaydı diyemeyiz artık. Bir kere oldu."

"Pişman mı peki?"

Zehra, kül tablasında sigarasını söndürürken garsonun sesi duyuldu: "Kahveleriniz efendim."

"Hesabı da getirir misiniz?" dedi garsona Zehra.

"Tabii," dedi garson kahveleri masaya bırakırken.

75

"Pişman," dedi. "Hem de it gibi pişman. Çevresine rezil rüsva olmasaydı belki de bu kadar pişman olmayacaktı. İşin doğrusu bilemiyorum. Rektörün bile kulağına gitmiş yaptığı bu edepsizlik."

"Rektör mü?" diye sordu şaşkınlıkla Ayşe.

"Evet," dedi Zehra. "Bir tek rektör mü? Yedikleri boku bilmeyen kalmamış fakültede. O günden sonra her şeye tövbe etmiş. İçine kapandı. İnanmayacaksın ama günde beş vakit namaz kılmaya başladı. Yatakları ayırdığımız için arka odanın birinde yatıp kalkıyor. Çocukların söylediğine göre sabaha kadar Kuran-ı Kerim okuyormuş."

"Daha önce her gün Kuran okur muydu?"

"Hayır, bu olaydan sonra başladı."

"Gayet güzel bir şey ama böyle birdenbire... Tuhaf yani."

"Tuhaf ki ne tuhaf," dedi Zehra.

Garson, "Hesabınız efendim," dedi. Hesabı ödedikten sonra, "Kalkalım," dedi Zehra, Ayşe'ye. "Senin de işin gücün var."

FALCI FAZİLET

Bir akşamüstü kapının zili çaldı. Bilge ve Barış televizyonun karşısına oturmuş film izliyorlardı. Zafer ise her zamanki gibi akşam namazını kılmış, odasında tıptaki gelişmeleri yakından takip etmek için makale okuyordu. Zehra da elinde bir gazete sayfası bulmaca çözüyordu. Bilge oturduğu yerden annesine seslendi: "Anne kapıya bakar mısın? Film izliyoruz."

Elinde tuttuğu gazete sayfasını oturduğu koltuğun yanına koydu Zehra. "Tamam, tamam," dedi. "Kıçınızı kaldırıp biriniz kapıya baksanız ölürsünüz. Zaten sizi çok tembel yetiştirdim, çok..."

O sırada kapı tekrar çaldı. "Bir saniye geldim," diye söylendi oturduğu yerden kalkarken. "Kim o?"

"Kim olacak kız. Aç kapıyı. Benim." Karşısında duran Nigar'dan başkası değildi. "Allah canını almasın kız senin. Gir içeri. Ben de akşam akşam kim bu dedim?"

"Kıbrıs'tan daha şimdi döndüm. Ayağımın tozuyla sana bir uğrayayım dedim. Ne havadisler getirdim sana bilemezsin. Akşam akşam iki lafın belini kıralım seninle. Vallahi sabahı bekleyemedim."

"İnsan giderken bir haber verir," dedi Zehra sitemkâr bir tavırla. "Kıbrıs'a gittiğini başkalarından duyuyorum. Kırılmadım desem yalan olur."

"Anlatacaklarımı önce bir dinle. Sonra kızacaksan kız bana," dedi gülerek Nigar.

"Peki öyle olsun."

Daha sonra iki kadın mutfağa geçip birer Türk kahvesi yaptılar. Tam mutfaktan çıkmak üzereydiler ki, su almak için mutfağa giren Bilge'yi karşılarında buldular.

"Hoş geldin Nigar Abla."

"Maşallah," dedi Bilge'yi öperken Nigar. "Kırk bir kere maşallah. Ne kadar da serpilmiş ve güzelleşmişsin sen öyle. Genç kız olmuşsun. Şu saçların uzunluğuna, şu gözlerin güzelliğine bak."

Bilge güldü. "Çok komiksin Nigar Abla. Topu topu beni iki haftadır görmüyorsun."

O da aynı şekilde gülerek, "Olsun kız zilli," dedi. "Benim gözüme büyümüş geldin."

"Film bitmedi mi daha?" diye sordu Zehra.

"Daha yeni başladı anne. Şimdi reklam arası. Dedikodu yapacaksanız doğru arka odaya gidebilirsiniz."

"Görüyor musun?" dedi gülerek Zehra. "Bu çocuklar yüzünden kendi evinde bile rahat yok insana. Hadi kız. Biz de arka odaya geçelim bari."

Gittikleri oda Zafer'in çalışma odası ile yan yanaydı. Odanın önünden geçip diğer odaya gireceklerken Nigar içeriden gelen ışığı gördü. Kısık bir sesle Zehra'ya, "Zafer Bey mi içerideki?" diye sordu.

Başını evet anlamında salladı Zehra. Bunun üzerine Nigar, ani bir hareketle kapısı açık olan odaya kafasını uzattı.

"İyi akşamlar Zafer Bey. Nasılsınız?"

Zafer, okuduğu makaleden başını kaldırarak Nigar'a baktı. Oda loş bir ışıkla kaplıydı. Diğer ikinci ışığı yaktı. Oda şimdi daha aydınlık olmuştu. "Ah," dedi. "Siz misiniz Nigar Hanım. Kusura bakmayın bir an için çıkaramadım. Dalıp gitmişim. Teşekkür ederim. Siz ve eşiniz Sercan Bey nasıl?"

"Eh işte," dedi Nigar. "İyi diyelim iyi olalım. Sercan da daha iyi olacak inşallah. İş ortağı ile sorunları vardı. Büyük kavga ettiler. Şimdi ise mahkemelikler."

"Büyük geçmiş olsun."

"Aman boş verin," dedi Nigar. "Sizin de başınızı ağrıttım. Daha fazla rahatsız etmeyeyim sizi. Kolay gelsin. Bir akşam yemeğe bekleriz."

"İnşallah," dedi Zafer. "Sercan Bey'e selam söylemeyi unutmayınız."

Odaya girdiklerinde Nigar, Zehra ile Zafer'in hâlâ aralarının düzelmediğini anlamıştı.

"E şekerim," dedi Nigar. "Çabuk kahveni iç yalandan da olsa bir falına bakayım. Kıbrıs'ta bir falcı kadına gittik. Allah seni inandırsın, Sercan ve beni dut yemiş bülbüle çevirdi."

"Falcıyla ne işiniz vardı?"

"Sorma kız. Başımıza gelen pişmiş tavuğun başına gelmezdi. Sercan en sonunda ortağını işten kovdu. Ortağı olacak o boyu altında kalasıca herif de buna inat, maliyeyi dolandırdıkları gayri resmi tuttukları defteri açığa çıkarmakla tehdit edip duruyor. Güya mahkemeye delil olarak sunacakmış. Defterde de hep bizim salağın imzası var. Kaç zamandır uykularımız kaçtı. Allah korusun işin şaka yanı yok. Maliye'nin eline bu defter geçse varımızı yoğumuzu kaybederiz. Bu yetmezmiş gibi dolandırıcılıktan da hapsi boylar bizim öküz."

79

"Dur. Panik yapma," dedi Zehra.

"Düne kadar çok paniktim. Ama falcı olacak o kadın dedi ki; Korkmayın. O defter hâkimin huzuruna çıkmayacak. Yine de işkilleniyor insan. Ya defteri yarın getirip mahkemeye delil olarak sunarsa."

"Korkma. Olumsuz bir şey aklına getirme. Ama senin kocanda da suç var. Niye doğru dürüst iş yapmamış. Devletten vergi kaçırılır mı?"

"Kız vallahi doğru söylüyorsun. Ben kaç kez uyardım. Yapma dedim. Etme dedim. Ama beni dinleyen kim. Ne zaman ağzımı açsam sus dedi bana. Aklının ermediği işe burnunu sokma dedi. Şimdi görsün bakalım. Kim haklıymış?"

"Falcının adı neydi?" diye sordu Zehra.

Bir an için Zehra'nın yüzüne baktı Nigar. "Ne o kız? Yoksa tanıyor musun? Karı bayağı ün salmış Kıbrıs'a."

"Yok be," dedi Zehra. "Benim falcı ile ne işim olur? İnanmam ben öyle falcıya, cinciye."

"Tövbe de. Vallahi çarpılacaksın. Kuran-ı Kerim'den baktı. Ne gördüyse, hepsini bildi. Kadın konuştukça Sercan bana bak ben de Sercan'a. İkimiz de şok olduk."

"Aman git kız," dedi Zehra. "Deli olma. Karı koca aklınızı peynir ekmekle mi yediniz?"

"İnan kız vallahi inan. Ben inandım. Hatta karının cinleri minleri bile varmış. Biz görmedik ama olsun varmış. Şayet Kıbrıs'a gidersen falcı Fazilet kim diye sor, sana herkes nerede oturduğunu gösterir. Bu işi Allah rızası için yapıyormuş. Pek de fakir biri. Oturduğu evi bir görsen neredeyse başına çökecek garibanın. Öyle para filan da istemiyor. Gönlünden ne koparsa onu veriyorsun."

"Peki," dedi Zehra. "Söylediğin gibi olsun. O zaman yarın mahkemede göreceğiz. Bana mutlaka haber vermeyi unutma."

O akşam Zafer, Nigar'ın söylediklerini istemeden de olsa yan odadan duydu. İçini bir merak sardı. Falcının söyledikleri gerçekten çıkacak mıydı? O andan itibaren kafasındaki karmakarışık düşünceler yerini daha karmaşık bir yapıya bıraktı. "Demek adı Fazilet," dedi kendi kendine. Daha önce hiçbir falcıya gitmediğini hatırladı. "Nasıl insanlar acaba?" diye düşündü. Sonra başını loş ışıkta sallayarak, "Aman boş ver. Elâlemin derdi sana mı kaldı. Sen kendi derdine yan," dedi.

Oturduğu yerden doğruldu. Işığı söndürdü. Yatmak için odayı terk ederken, "Yarın ola hayrola. Acaba falcı kadının söylediği doğru mu çıkacak?" diye merakla sordu tekrar kendi kendine.

Zafer o gün yine her zamanki gibi erkenden kalkmış, hastaneye gitmek için hazırlanmıştı. Dün geceden beri aklı fikri falcı kadın ve onun söylediklerine takılmıştı. "Ya söylendiği kadar her şeyi görüp, bilebiliyorsa. O zaman benim yaşadığım sıkıntılarımın nedenini de bilebilir," diye düşündü.

O sabah evden çıkarken Zafer'in içini büyük bir heyecan kaplamıştı. "Bugün akşamı nasıl ederim Allah'ım? Bir an önce akşam olsa da eve dönsem. Meraktan akşama kadar çatlarım ben," diye söylenerek işe gitti.

Öğleni zor etti. Aklı fikri işten daha çok mahkemedeydi. "Acaba ne oldu?" diye düşünüp durdu gün boyunca. Bir ara Zehra'nın iş yerini arayıp ona sormak istedi. Sonra bu düşüncesi tüylerini diken diken etti. "Olmaz, olamaz," dedi. "Boş ver. Daha doğru dürüst konuşmuyoruz birbirimizle. Nasıl açıklarım olup bitenleri şimdi ona? Kafayı mı yedin sen? Falcıdan hiç medet mi umulur?" diye sessizce içinden kendi kendine konuşup durdu.

Zafer'in bu düşüncelere dalıp gittiği anda, hastaları numara sırasına göre muayene odasına alan memurun gür sesi koridorda yankılandı.

"Gapının önünde bekleme yapmayın gardaşım. Öğlen oldu. Yemek vakti. Hadi benim güzel gardaşlarım hadi. Size beklemeyin dedim. Bırakın da bir lokma bir şeyler yiyek. Saat bir buçukta gelin tekrar."

Birkaç saniye sonra görevli memur, koridorda bekleyen hastaları çil yavrusu gibi dağıttıktan sonra kapıyı çalıp içeri girdi. "Dohtor bey paydos. Yemek vakti."

Zafer karşısında duran görevliye bakıp gülmeye başladı. "Osman Bey maşallah ne kadar gür sesiniz var. Hastaların biri bile size gık diyemedi."

"Vallahi dohtor bey. Bunlara gibar davranmaya gelmez. Hebisi hasta olduğu için canları burunlarında zaten. Bi de kaç saat ayakta bekliyorlar. Anca böyle davranmak gerek. Yoksa bunları dağıtmak için polis çağırmak lazım."

"Ne ömür adamsın sen Osman Bey. İnsanı gülmekten öldürürsün. Sen de haklısın. Her gün bu kadar hasta ile uğraşmak insanı öldürür," dedi Zafer.

"He dohtor bey. Evde garı bile benden şikâyetçi. Hastalara kızıp kızıp, gelip bana bağırıyorsun diyo. Ben garıya bağırmayıp da ne yapam? Zitres denen şey benim her gün başıma guş gibi yuva yapmış."

"Sen de haklısın," diyecekken Zafer, "Dohtor bey," dedi görevli Osman. "Aha ben gedip bir gap yemek yiyem. Bana müsaade."

"Estağfurullah," dedi Zafer. "Müsaade senindir. Hadi git yemeğini ye."

O günün akşamı eve gittiğinde bütün gün boyunca merak ettiği şeyi Zehra'ya soramadığı için kızı Bilge'ye sordu. "İnanmıyorum," dedi Zafer büyük bir şaşkınlıkla. "Helal olsun kadına. Desene gerçekten de söylendiği kadar varmış," dedi.

KIBRIS

Bin dokuz yüz doksan yedi yılının bir gece vakti Zafer, rüyasında saçma sapan şeyler konuşuyor, kendi kendine gülüyordu. Zehra uyandı. Korkudan vücudunu titreme sarmıştı. Uyku sersemi ağır ağır sesin geldiği yöne döndüğünde Zafer'in güldüğünü gördü. Önce şaka yaptığını zannetti. Birkaç kez, "Zafer! Zafer," diye seslendi. Bir cevap alamayınca şaka olmadığını anladı. Dirseğiyle dürttü ama nafile. Zafer hâlâ rüyasında, "Sayende nurlandım, sayende nurlandım," diye garip sesler çıkarıyordu. Zafer'in uyanmadığını gören Zehra, hem dürterek hem de yüksek sesle, "Zafer! Zafer! Uyan artık yeter," diye bağırmaya başladı. Zafer birkaç saniye sonra yattığı yerden aniden sıçradı. "Ne oldu? Ne var?"

Zehra kıs kıs gülmeye başladı. "Bir şey yok, bir şey yok. Sanırım rüya görüyordun. Rüyanda konuşup duruyordun. Tamam geçti. Hadi uyu. Öğleden sonra yuvaya gelmeyi sakın unutma. Çocukları muayene edeceksin."

Zafer, uyku sersemi uyandığı için Zehra'nın söylediklerini duymamıştı bile. Başını tekrar yastığa koyduğu gibi uyudu. Zafer'in tekrar uyuduğunu gören Zehra, "Sen benim aklımı koru Allah'ım. Her gece her gece aynı terane. Bu adam rüyasında ne görüyor acaba?"

Sabah olduğunda çocukların odasına girdi. "Hadi sizi gidi uykucular. Çabuk uyanın. Bugün yuvaya gidiyoruz. Babanız gelecek. Çocukları muayene edecek. Hadi çabuk uyanın."

Bilge, "Ama anne daha saat kaç?" demeye kalmadan, "Hadi dedim size, tembellik istemem," dedi ve arkasını dönerek odadan çıkıp gitti.

Beş dakika sonra Bilge ve Barış söylene söylene de olsa kahvaltı masasına oturdular.

O gün üçü birlikte yuvaya gitmek için evden çıktılar. Bilge bir ara annesine bu kadar uzun yolu her gün nasıl gidip geldiğini sordu. Zehra, Bilge'nin sorduğu soruya daha cevap vermemişti ki, Barış, "Babam niye geliyor?" dedi.

Zehra gülmeye başladı. "Önce kimin sorusuna cevap vereyim?" diye sordu.

Barış, "Benim anne benim," dedi arka koltuktan.

"Benim bir tek çocuğum siz değilsiniz artık. Biliyorsunuz bir sürü küçük kardeşleriniz var. Onları küçük bir kontrolden geçirecek babanız. Siz de bugün bana yardım edeceksiniz."

"Oley," diye çığlık attı Barış. "Yaşasın. Bugün yuvada sağlık taraması yapacağız."

Zehra ve Bilge gülmeye başladı. Barış, yol boyunca bir dakika olsun susmadı.

O sene Barış on bir yaşına basmıştı. Neredeyse babasının bir kopyası gibiydi. Esmer tenli ve zeytin büyüklüğünde simsiyah gözleri vardı. Oldukça da yaramaz bir çocuktu.

Yuvanın önüne geldiklerinde arabanın kapısını açıp, içeri ilk koşan Barış oldu. Bilge arabadan inerken annesine dönerek, "Aklıma bir fikir geldi," dedi.

"Neymiş fikir?"

"Çocuklara İngilizce dersi koyalım."

Bir an için durakladı Zehra. Kısa bir süre düşündü. Dudaklarını ısırdı, başını salladı. O sırada arabadan indi. Arabanın kapısını kilitledi. "Benim akıllı kızım. Gel seni annen bir öpsün. Bunu neden daha önce ben hiç düşünemedim?"

"En basit kelimeleri, en basit cümleleri öğretiriz. Şimdiden kulak dolgunluğu olsun," dedi Bilge.

"Haklısın," dedi Zehra. "Bildiğim kadarı ile senin İngilizcen gayet iyi. O zaman..."

Lafın nereye geleceğini anlamıştı Bilge. "Orda dur bir dakika anne. Sana iyi günler. Sağ ol, ben almayayım."

"Hadi benim güzel kızım. Bu işi kabul et. Anneciğini üzme."

"Aman anne. Nereden söyledim sana. Dilimi eşek arısı soksun."

"Birazdan onlara iyice bir bak. Hepsi dünya güzeli. Onlarla olmak insana müthiş bir huzur veriyor. Yoksa yıllardır yaşadıklarımı nasıl atlattığımı sanıyorsun. Bütün dertlerimi onlarda unutuyorum. Kendim için bir şey istemiyorum. Hadi benim güzel ve akıllı kızım. Kırma anneni."

"Off be anne. Tamam, tamam. Bırak şimdi duygu sömürüsünü. Sayende İngilizce öğretmeni bile oldum bu yaşta."

Öğleden sonra saat dört buçuk gibi Zafer geldi. Çocukları tek tek muayene etti. Onlarla yakından bire bir ilgilendi. Muayene bitip, çocuklar servis araçlarına bindirilip evlerine gönderildikten sonra, "Bugün hepimiz çok yorulduk. Bir bardak çay içer miyiz?" diye sordu Zehra. Çocuklar söz birliği etmişçesine, "Biz içmeyiz. Biraz sahile inebilir miyiz anne? Dolaşmak istiyoruz," dediler.

"Tamam" dedi Zehra. "Çok geç kalmayın. Yarım saat sonra burada olun. Akşam size yemek ısmarlayacağım."

İki çocuk izni aldıktan sonra kapıyı açıp güle oynaya sahile doğru koşarken, Zehra da çayın suyunu koymak için mutfağa geçti. Zafer, çantasını toparladıktan sonra bahçeye açılan kapıdan çıkmak için mutfağa geldi.

Tam mutfaktan geçip bahçeye çıkacakken, "Bugün hava ne kadar da güzel!" dedi.

"Haklısın," dedi Zehra. "Biliyorum seni de çok yordum bugün. Kusura bakma."

"Ne kusuru canım. Çocuklarla olmak güzeldi."

"Nasıl buldun yuvamı? Ne de olsa yıllar sonra ilk gelişin."

"Doğrusunu söylemek gerekirse çok güzelmiş."

O sırada su fokur fokur kaynamaya başladı. "Pardon," dedi Zehra. "Sen bahçeye çık. Ben şimdi çayları alıp geliyorum."

Zafer bahçeye çıktığında küçük bir şaşkınlık yaşadı. Bahçe, küçük bir çocuk parkı gibiydi. Rengârenk toplar, üç tekerlekli bisikletler, bebekler...

Zehra çayı tepsiye koyup bahçeye çıktığında, "Bilmeni istediğim bir şey var," dedi Zafer.

Zehra'nın eli ayağına dolaşır gibi oldu. Hemen kendini toparlamaya çalıştı. "Neymiş bilmem gereken şey?"

"Son zamanlarda yine kendimi çok kötü hissediyorum. Birileri benim profesör unvanı sahibi olmama taş koyuyor. Yine bir kumpasın içindeyim sanki. Olup bitenlerden en ufak bir bilgim bile yok. O nedenle oraya gitmeye karar verdim."

"Nereye?" dedi büyük bir şaşkınlıkla Zehra.

"Kıbrıs'a, o kadına gideceğim. Son birkaç aydır gelip rüyalarıma giriyor."

Elinde tuttuğu çay bardağını yere bıraktı Zehra. "Sen neden bahsediyorsun Allah aşkına? Yine panik atak mı geçiriyorsun? Ne oldu sana böyle? Artık seni hiç tanıyamıyorum. Kafanda yine ne kurdun? Seni kim yanına çağırıyor? Allah'ım bana ne olur akıl fikir ver. Yine mi aldatıyorsun beni? O kadın da kim?"

"Dur bir dakika orada," dedi Zafer. "Dur. Ne aldatması? Falcı kadından bahsediyorum."

"Falcı kadın da kim?"

"Fazilet!"

"Fazilet de kim?"

"Nigar'ın Fazilet'i."

"Nigar'ın Fazilet'i de kim?"

"Nigar'la o gece konuştuklarınızı duydum. Kocası hakkında ne söylediyse bire bir çıktı baksana. Ortağı mahkemeye defteri sunabildi mi? Hayır. O kadına gideceğim ben de bir baktıracağım."

"Sen kafayı mı yedin be adam! Sen bir bilim adamısın. Senin ne işin olur falcıyla malcıyla."

"Bilim adamı olmuşsam ne olmuş yani. Bilim adamları falcıya gidemez diye bir kural mı var?"

"Sen kafayı yemişsin. Daha ne söyleyeyim ki sana!"

"Bir şey söyleme. Yarın sabah gidiyorum. Yaşadığım kâbusa son vermek istiyorum. Benim için dayanılır gibi değil artık."

O sırada hiç beklemediği bir teklif ile karşılaştı Zafer. Zehra da onunla birlikte Kıbrıs'a gelmek istiyordu. Ne diyeceğini kestiremedi. Kabul etmekten başka bir çaresi yoktu.

Ertesi sabah çok erken bir vakitte uyandılar. "Hazır mısın?" dedi Zafer.

"Hazırım hazır olmasına da yedekten bir gidiş bileti bulamazsak ne olacak?"

"Olmazsa akşam uçağıyla gelirsin. Seni havaalanında karşılarım."

"Hiç beni düşündüğün yok," diye sert bir şekilde çıkıştı Zehra. "Ben de o zaman sensiz uçmam demiyorsun, bana akşam bir başına yalnız gelirsin diye akıl veriyorsun. Helâl olsun sana. Kafana göre iş yaparsan böyle olur."

"Tamam," dedi Zafer. "Fazla uzatma. Havaalanına bir gidelim ondan sonrasını düşünürüz."

Daha fazla zaman kaybetmeden Zafer'in arabasıyla yola koyuldular. Yol boyunca hiç konuşmadılar. Zehra'nın sinirli olduğu her halinden belliydi. Zaman zaman Zehra, "Aklını peynir ekmekle yemiş bu deli adamın yanında ne işim var benim," diye düşünüp durdu. Zafer ise son anda Zehra'ya bir gidiş bileti bulmak için içten içe dua edip duruyordu.

Atatürk Havaalanı'na geldiklerinde bir cafede oturup beklediler. "Ne içersin?" diye sordu Zafer.

"Türk kahvesi," dedi Zehra.

Zehra'nın yüzüne baktı Zafer boş gözlerle. Sabah sabah Türk kahvesi de nereden çıktı gibisinden.

"Bırak öyle boş gözlerle bakmayı," dedi alaycı bir tavırla Zehra. "Sabah sabah bir Türk kahvesi içmeden kendime gelemem. Bir de ateş bul bana. Sigara yakacağım."

Arkasını dönüp gittiğinde Zafer, kendi kendine söyleniyordu. O sabah ilk uçuş Kıbrıs'a olduğu için havaalanı neredeyse bomboştu. Zafer kahveyi alıp tekrar masaya döndüğünde, yolcular da ağır ağır gelmeye başlamıştı.

"Bilet bulamayacağız," dedi Zehra sigarasını yakarken.

"Allah'tan umut kesilmez," dedi Zafer. "Bekleyip, göreceğiz. Çıkmayan candan umut kesilmezmiş. Son dakikaya kadar beklemekten başka çaremiz yok. Görevliye nasıl olsa haber verdik. Gelmeyen biri olursa ismi ilk anons edilecek kişisin."

Yarım saati çoktan geçmişti. İkisinin de gözü kulağı anonsu yapacak görevliye dikkat kesilmişti. Zafer çaktırmadan gizliden gizliye kolundaki saate bakıp duruyordu. "Nasip değilmiş," dedi Zehra sesine yansıyan moral bozukluğunun etkisiyle. "Hadi kalk, sen git. Ben ne yapacağıma sonra karar veririm. Bakarsın belki gelmem. Bir daha kim havaalanına gelip gidecek. Sana iyi yolculuklar."

"Gelmek istemediğinden emin misin?"

"Tamam uzatma," dedi Zehra. "Canım zaten sıkkın. Hadi bana müsaade. Ben eve dönüyorum."

Tam sandalyeyi oturduğu yerden ayağa kalkmak için arkaya doğru itmişti ki, o sırada yapılan anons ile koşmaları bir oldu: "Sayın Zehra Ateşoğlu... Biletinizi almak için lütfen satış ofisimize uğrayınız."

Zafer'in sabahtan beri asık olan yüzü o anda gülmeye başladı. "Ben sana söylememiş miydim. Allah'tan umut kesilmez diye."

İsminin anons edildiğini duyduğu andan itibaren Zehra'nın keyfine diyecek yoktu. Bir taraftan koştururken bir taraftan ise Zafer'e, "Görüyor musun? Allah bensiz gitmene müsaade etmedi. Bana laf yetiştireceğine şu valizlerimi taşımama yardımcı ol," diyordu.

Uçağa bindiklerinde hostes onları gülerek karşıladı. "Günaydın. Koltuk numaranıza bakabilir miyim?" dedi. Zehra elinde tuttuğu iki uçuş kartını hostese uzattı. Hostes, uçuş kartlarına baktıktan sonra, "Birlikte misiniz?" diye sordu.

"Evet."

"Özür dilerim," dedi. "Koltuk numaralarınız farklı. Yan yana oturamayacaksınız."

Saatler süren stresli bekleyişten sonra ikisi de katıla katıla gülmeye başladı. Gülmekten bir an için hostese cevap veremedi Zehra. Şaşkın şaşkın olup bitenleri anlamaya çalıştı hostes.

"Çok pardon," dedi Zehra. "Hiç önemi yok. Aynı uçakta olmamız bizim için yeterli."

"Sizin için bir sorun yoksa, bizim için de hiçbir sorun yok," dedi bu sefer ciddi bir ses tonuyla hostes.

Yaklaşık iki saat sonra Ercan Havaalanı'na indiklerinde araba kiralama servisinden bir araba kiraladı Zafer. Arabanın kapısını açıp içine bindiği gibi avazı çıktığı kadar bağırdı Zehra: "Aman yarabbi bu da ne?"

Elinde tuttuğu valizleri bagajın içine rasgele attıktan sonra, Zehra'nın yanına koştu panik bir halde Zafer. "Ne var? N'oldu?"

"Kör müsün! Baksana, arabanın direksiyonu nerede?"

Gülmekten iki büklüm oldu Zafer. "Allah senin iyiliğini versin. Ben de bir şey mi oldu dedim. Ödüm koptu."

Zehra'nın utançtan yüzü kıpkırmızı olmuştu. Kıbrıs'ta trafiğin soldan aktığını bilmiyordu. Bindiği arabadan gerisi geriye indi. "Hazır direksiyonun başına geçmişken arabayı sen kullan," dedi alaycı bir tavırla Zafer, gülerken.

"Kesinlikle olmaz," dedi Zehra. "Nevrim döndü vallahi. Ben ne böyle bir arabaya ne de böyle bir yola alışığım. Allah göstermesin kaza yaparım. Geç direksiyonun başına sen kullan. Keşke bir otobüsle gitseydik. Senin de kaza yapmandan korkuyorum."

"Merak etme. Daha önce bir kez buraya geldiğimde kullanmıştım."

Arabaya binip havaalanından ayrıldıklarında, "Birilerine sorsak mı acaba falcının nerede oturduğunu?" diye sordu Zehra.

Zafer hayret dolu bir ifadeyle baktı yüzüne Zehra'nın. "Sen kafayı mı yedin? Koskoca yerde sarı çizmeli Memet ağa! Falcının oturduğu yeri bulmak öyle kolay mı?"

"Ne bileyim ben. Nigar öyle söylemişti. Kime sorsan sana gösterir diye. Senin falcıya meraklı biri olduğunu nereden bilebilirdim? Önceden geleceğimizi bilseydim Nigar'dan adresini alırdım."

"Hiç gerek yok. Falcının geleceğimden haberi var."

"Bak sen Allah'ın işine," dedi. "Nasıl haberi varmış?"

"Nigar'ın kocasından aldım telefonunu. Hatta o da aradı sağ olsun, benimle iyi ilgilenmesi için."

Zehra kaşlarını çattı. Bir anda canı sıkıldı. Arkasından bir iş çevrilmiş gibi hissetti. "Nigar biliyor mu buraya geldiğimizi?"

"Bilmiyorum," dedi Zafer. "Senin geldiğini bilmese de benimkisini biliyor olabilir."

"Bir bu eksikti şimdi. Milletin ağzında sakız olacağız. Düştüğümüz duruma bir baksana. Desene, falcı karı da beni görünce şaşıracak. Ne dersin Zafer Efendi?"

"Daha gelir gelmez dırdır etmeye başladın," dedi Zafer ona bakarak sert bir ses tonuyla. "Sana gel diyen mi oldu?"

"Konuşmana dikkat et. Biz de dırdır etmek köpeğin havlamasına denir. Ben köpek değilim, olur olmaz şeylere havlayayım. Zamanında yediğin boklara dikkat etseydin şimdi buralarda olmazdık. Kafamın tasını attırma. Maazallah tanıdık bir gören çıksa rezil olacağız."

Daha fazla konuşup ortamı germek istemedi Zafer. Yol boyunca sesini hiç çıkarmadı. Girne'nin merkezine geldiklerinde bir taksi durağına yanaşıp kâğıtta yazılı olan adresi sordu. Yaşlı bir adam el kol işareti yaparak adresi tarif etti. Zafer, ak saçlı adama, "Sağ olun amca bey, yorduk sizi de," dedi. Adam, başını arabanın içine uzatıp şöyle bir baktıktan sonra, "Hayrola evladım. N'apan?" diye sordu.

"Öylesine geldik işte," dedi adama tekrar teşekkür ederken Zafer. Adamın şivesi çok komik gelmişti Zehra'ya. Kendini daha fazla tutamayıp, "N'apan da ne demek?" diye sordu.

Zafer önce cevap vermek istemedi. Fakat daha sonra isteksiz bir şekilde, "Hayrola, ne için geldiniz demek istedi adamcağız."

"N'apan? N'apan?" diye mırıldandı Zehra.

Caddenin sonuna geldiklerinde tek katlı beyaz bir binanın önünde durdular. Zafer, elindeki adrese tekrar baktı. "Evet, burası olmalı. Numara elli sekiz."

Ürkek ürkek arabadan inerlerken, "Emin misin burası olduğundan?" diye sordu Zehra. Zafer başını evet anlamında salladı. "Burası," dedi.

Mavi bir kapının önüne geldiklerinde Zafer kapı ziline bastı. Bir süre kapının önünde beklediler. Ortada kimsecikler görünmüyordu. Bir kez daha zile bastı. "Allah Allah," dedi Zafer. "Acaba yanlış bir yere mi geldik?" Kapıyı yine açan olmadı. Tekrar zile bastı. Bu sefer içerden bir ses duyuldu: "Bir dakika, geldim."

Kapıyı kırk yaşlarında bir kadın açtı. "Buyurun," dedi. "Kimi aramıştınız?"

Zafer o sırada elindeki adrese tekrar baktı. "Pardon," dedi. "Fazilet Hanım'a gelmiştik."

Kadın, önce Zafer'i sonra da Zehra'yı baştan aşağı süzdü. "Hanımefendi bekliyor muydu sizi?"

"Evet."

"Öyleyse içeri girin," dedi kadın. "Sizi biraz bekleteceğim. Şu anda hanımefendinin biraz işi var."

İçeri girdiklerinde Zehra kadınsı bir duyguyla, etrafında olup biten her şeyi inceliyordu. Küçük bir bahçenin içinden geçip giderlerken, evin damına kadar yükselen sarmaşıklara büyük bir hayranlıkla baktı. Her tarafta kırmızılı beyazlı güller kocaman açmışlardı. Arılar, birinden diğerine vızıldayarak uçuşuyorlardı. Daha sonra dar bir yoldan geçip geniş bir avluya çıktılar. Avluya geldiklerinde Zehra'nın iki şey dikkatini çekmişti. Avluda oturan güzel üç-beş sarışın kadın ve yıkık dökük bir ortam. "Burası da neresi Allah'ım?" diye sordu kendi kendine.

"Buyurun, şöyle oturun," dedi az önce kapıda karşılayan kadın. Tahta bir oturağın üzerine ikisi de geçip oturdu. Kadın ar-

92

kasını dönüp gidecek gibi olurken, "Soğuk bir su alabilir miyim?" dedi Zehra.

Kadın, Zafer'e döndü. "Ya siz beyefendi," dedi. "Ben de soğuk bir su alayım," dedi Zafer.

Avluda oturan herkes birbirini gizliden gizliye göz ucuyla süzüyordu. Kimse kimseyle konuşmuyordu. Sırası gelen kapalı bir odaya girip çıkıyordu. Yaklaşık iki saat geçmişti. Zehra kolundaki saate baktı. "Daha çok bekleyecek miyiz?" diye sordu Zafer'e.

"Nereden bileyim ben, bekliyoruz işte."

"Senin saatten haberin yok galiba. Sana kafama güneş geçti diyorum. Sıcaktan nefes alamıyorum. Daha ne kadar bekleyeceğiz onu öğrenseydik bari."

"Tövbe, tövbe," dedi Zafer alnından şakır şakır akan teri silerken.

O sırada oradan geçen başka bir kadına, "Bakar mısınız," dedi Zehra. "Siz burada mı çalışıyorsunuz?"

"Evet."

"Bize ne zaman sıra gelecek biliyor musunuz? Beklemekten sıkıldık. Daha çok bekleyecek miyiz?"

Avluya bir göz attı kadın. "Hayır," dedi. "Zaten sıra size gelmiş. Birazdan sizi kabul edecek hanımefendi."

Birkaç dakika sonra avluda orta yaşlı başka bir kadın belirdi. "Hoş geldiniz," dedi. Zafer çabucak ayağa kalktı. "Hoş bulduk, Fazilet Hanım," dedi.

Kadın gülümsedi. "Özür dilerim. Ben Fazilet Hanım değilim. Kendilerinin yardımcısı olurum."

Zehra oturduğu yerde gülmeye başladı. "Doğrusu bir falcının yardımcısı olacağını hiç düşünmemiştim," dedi alaycı bir tavırla.

O anda kadının beti benzi attı. "Hanımefendi pek inanmıyor," dedi kadın, Zafer'e bakıp konuşurken. "Ne garip. İnançsız birinin burada olması."

"Sizin üstünüze vazife değil bu konuştuklarımız," dedi Zafer sert bir ses tonuyla. "Hanımefendiye götürür müsünüz bizi. Saatlerdir beklemekten sıkıldık. Tavırlarınıza dikkat etseniz iyi olur."

Kadının yüzü kireç gibi oldu. "Sizden özür dilerim beyefendi. Biraz haddimi aşmış olabilirim," dedi. "Siz de beni bağışlayın hanımefendi. Sizden de özür dilerim."

Zehra, kadına cevap bile vermedi. Zafer'in kadını azarlaması hoşuna gitmişti. Kaç zamandır böyle sahiplenilmediğini düşündü. Kadına karşı olan bütün kızgınlığı bir anda yok olup gitti. Kadın, "Beni takip edin lütfen," dedi.

Küçük bir odaya girdiler. Pencereden içeriye gün ışığı süzülüyordu. Odanın içinde bir masa ve üç tane de sandalyeden başka hiçbir şey yoktu. "Buyurun siz oturun," dedi kadın. "Fazilet Hanım şimdi geliyor."

Kadın odadan dışarı çıkarken kapıyı yavaşça kapadı. İkisi de boş bakışlarla, boş odanın içerisini dikkatlice inceliyorlardı. Duvarda boya diye bir şey kalmamıştı. Her taraf kabar kabar olmuştu. "Bu nasıl bir fakirlik," diye içinden geçirdi Zafer.

Bir anda kapının kolu aşağı inmeye başladı. Kapının önünde yaklaşık kırk beş yaşlarında, iriyarı, mavi gözlü ve saçları eşarpla örtülü bir kadın belirdi. İkisi de söz birliği etmişçesine aynı anda ayağa kalktılar.

"Hoş geldiniz," dedi falcı kadın içeriye doğru yavaş adımlarla yürürken. Önce Zehra'ya doğru yöneldi. Elini uzattı. Parmaklarının ucu ile elini sıktı. Hal hatır bile sormadan hemen Zafer'e döndü. Zafer'in elini küçük ama tombul avuçlarının içine aldı. Gözlerini, gözlerine dikti. Zafer utancından daha fazla bakamayıp gözlerini kaçırdı. "Gözlerinizi benden kaçırmayın. Gözleriniz gözlerime baksın," dedi falcı kadın. Zafer gözlerini tekrar kadına çevirirken, Zehra olup bitenlere bir anlam vermeye çalışıyordu.

"Sizi," dedi falcı kadın, "Beyaz bir önlüğün içinde görüyorum. Etrafınızda bir sürü beyaz önlüklü insanlar var. Yoksa doktor musunuz?" diye sordu.

"Evet," dedi Zafer falcı kadını dinlerken.

"O insanlardan biri mi desem yoksa birileri mi desem sizin önünüzü kesmiş. Bir hak yeme olayı görüyorum. Ama hakkınız ilk kez yenmiyor. Daha önce de hakkınızı yemiş bu insan veya insanlar. Büyük bir mevkinin başında oturmuş, takım elbiseli bir adam görüyorum. Bu adama dikkat edin. Sizi hiç sevmiyor."

Zafer dudaklarını büktü. "Bilmem kim olabilir ki bu adam?" diye düşündü.

"Bana bakın," dedi falcı kadın. "Siz kendinize hiç dikkat etmez misiniz? Gözlerinizde yorgunluk ve uykusuzluk görüyorum. Ailevi bir sorun yaşamışsınız. Daha sonra benim dergâhıma gelmeyi çok istemişsiniz. Neden?"

Heyecandan kan ter içinde kaldı Zafer. "Bilmem," dedi.

Falcı başını bir sağa bir sola doğru salladı. "Çok istemişsiniz buraya gelmeyi. Hiç aklınızdan çıkmamış burası." Daha sonra gözlerini bir an için Zafer'den alıp, Zehra'ya çevirdi. Baştan aşağı süzdü Zehra'yı. "Karınız mı?" dedi Zafer'e.

"Evet."

"Geçmişte çok üzmüşsünüz bu kadını."

İkisi de donup kalmıştı falcının karşısında. Eliyle koymuş gibi her şeyi bulup çıkarıyordu falcı kadın. İkisinin de ağzından tek bir kelime bile çıkmıyordu. Sadece falcı kadın konuşuyor, onlarsa dinliyordu. Zehra'ya gülümsedi falcı. "Sizin de etrafınızda bir sürü çocuk görüyorum," dedi. Zehra bunun üzerine küçük bir şok geçirdi. "Her şeyi nasıl oluyor da bu kadar doğru bilebiliyor?" diye sordu kendi kendine. O andan itibaren falcı Fazilet'e karşı şüpheci bir tavır takınmayı bıraktı Zehra.

Zafer ve Zehra, falcı Fazilet'in büyüsüne çoktan kapılmış·
lardı. O da bunu anlamış olacak ki, devamlı o masmavi göz·
leriyle ikisinin de gözlerinin içine bakarak konuşuyordu.
Sandalyesine geçip oturduğu zaman masanın üzerinde duran
siyah örtüyü kaldırdı. Örtünün altından siyah kaplı bir kitap çık-
tı. Kitabın üzerinde sarı yaldızlı yazıyla 'Kuran-ı Kerim' yazıyor-
du. Elini Kuran-ı Kerim'in üzerine koydu. "Yüzünüz hep kıble-
ye dönük. Namaz kılıyor musunuz?" diye sordu Zafer'e.
Zafer'in sinirleri iyiden iyiye bozulmuştu. Oturduğu yerde tit-
remeye başladı. Gözlerinden birkaç damla yaş aktı. Yanaklarına
düşen ilk damlaları silmeye çalışırken, "Evet," dedi.
Zehra, daha kadının şokunu üzerinden atmamış olacaktı ki,
ikinci bir şokla sarsıldığını hissetti. Bir falcının evinde kocasının
ağlayacağını hiç tahmin edemezdi. Zafer'e defalarca baktı. Ger-
çekten ağlayan kocası mı yoksa bir başkası mıydı?
Falcı kadın, Kuran-ı Kerim'den rasgele bir sayfa açtı. Sayfayı
açar açmaz, gözüne bir şekil göründü. Bu şekil bir isme benzi-
yordu. "Haluk mu desem yoksa Halis mi desem bilmiyorum.
Ama bu adam sizin önünüzde bir duvar gibi yükselmiş."
Falcının söylediği ikinci ismi duyunca Zafer, kendini daha
fazla tutamayarak hüngür hüngür ağlamaya başladı. Bir anda ol-
duğu yere yığılıp kaldı. Yere kapandı. Kendini tokatlamaya baş-
ladı. Saçını başını yolmaya çalıştı. Falcı hemen oturduğu yerden
ayağa kalktı. Avazı çıktığı kadar dışarıdakilere bağırdı: "Çabuk
biraz kolonya ile su getirin."
Zehra ise ne olduğunu bile anlayamadan oturduğu yerde öy-
lece kalakaldı. Bir buz parçası gibiydi. Hiçbir şey hissetmiyordu.
Kısa bir an diliminde uzunca bir süre öylece oturdu. Kendine
geldiğinde ise gözyaşları dudağında tuzlu bir tat bırakmıştı.

FALCININ FENDİ

Tam bir hafta sonra, bir akşam vakti telefon çaldı. Herkes akşam yemeği için masadaki yerini almıştı. Zehra, "Telefona bak kızım," dedi.

Bilge oflayıp pofladı. "Evin en küçüğü kimse o baksın," dedi annesine.

Barış, "Hep ben, hep ben..." diye söylendikten sonra telefona bakmak için masadan kalktı. Koşar adım televizyon sehpasının altında duran telsiz telefonun ahizesini kaptığı gibi kulağına dayadı.

"Alo."

Karşı taraftan gelen ses bir kadının sesiydi. Kısa bir duraksamadan sonra, "İyi akşamlar," dedi. "Zafer Bey'in evi mi?"

"Evet," dedi Barış. "Kim arıyor?"

"Fazilet Hanım deyiverin lütfen."

"Bir saniye," dedi ve masada yemek yiyen Zafer'e, "Baba telefon sana."

"Kimmiş oğlum?"

"Fazilet Hanım diye birisiymiş."

Zafer oturduğu yerden öyle bir hızla kalktı ki, "Ne oyalanıyorsun. Çabuk ver telefonu," diye Barış'a çıkıştı.

Barış ne tür bir yanlışlık yaptığını anlayamadı. Annesine dönerek, "Ben şimdi ne yaptım da bana kızıyor?" diye sordu.

O andan itibaren Zehra, ne konuşulanları duyabiliyordu ne de bir şey düşünebiliyordu. Derin düşüncelere daldı.

Bilge, bir şeylerin yolunda gitmediğini annesinin dalıp gitmesinden anlamıştı. O akşam ismini ilk kez duyduğu Fazilet'in doğru bir insan olmadığını sezmişti. Gözlerini annesinden zar zor da olsa çekti. Babasının konuşmalarına kulak kabarttı. "Belli ki," diye içinden geçirdi. "Annemin suratı bu kadar asıldığına göre, bu kadın babam için önemli birisi."

* * *

Bir hafta öncesi Kıbrıs

Falcı hemen oturduğu yerden ayağa kalktı. Avazı çıktığı kadar dışarıdakilere bağırdı: "Çabuk biraz kolonya ile su getirin." Tüm bu olup bitenlere ancak seyirci kalabilmişti Zehra. Ağlamanın dışında elinden hiçbir şey gelmemişti. Falcı Fazilet yerde baygınlık geçiren Zafer'in burnuna kolonya koklatıyor, zorla da olsa kasılan çenesini elleri ile açarak kupkuru olan ağzına su damlatmaya çalışıyordu.

Zafer kendine geldiğinde epey bir vakit geçmişti. Bitkin bir haldeydi. Yaşadıkları karşısında şoka giren Zehra'ya, "Akşama misafirim olunuz," dedi falcı kadın.

Yapılan teklife ne evet ne de hayır diyebildi Zehra. Diğer kadınların yardımı ile Zafer'i yandaki boş bir odaya taşıyıp yatağa

98

yatırdılar. "Burada biraz dinlenin," demeye kalmadan Zafer çoktan uykuya dalmıştı.

Zehra oturduğu yerden doğruldu. Kısa bir süre de olsa yalnız kalmıştı odanın içinde. Bedenine sarılıp ağlayabildiği kadar ağladı. "Ne olur Allah'ım?" dedi. "Az önce yaşadıklarımın kötü bir rüya olduğunu söyle bana. Gördüklerim asla gerçek olamaz."

İçeri falcı kadın girdi. "İyi misiniz?"

"Bilmiyorum," dedi Zehra. "Her şey rüya gibi."

"Çok mu sorunu var beyefendinin?"

"İnanın," dedi isteksiz bir tavırla, "Şu anda konuşacak halde değilim. Sadece sigara içmek istiyorum. Kocam, biraz dinlenip kendine gelsin izninizi isteyeceğiz."

"Tabii, siz bilirsiniz. Ama akşam olmak üzere. Tanrı misafirimsiniz. Aç aç göndermem sizi. Birkaç lokma bir şeyler yiyin de öyle gidin."

Elleri titrer bir vaziyette çantasından sigarasını ve çakmağını çıkardı. "Zahmet etmenize gerek yok. Sizin de başınızı yeterince ağrıttık. Biz kalmayalım gidelim."

"Hele bir sigaranızı için siz," dedi falcı.

Karanlık iyice çökmüştü sıcak bir Kıbrıs akşamın üzerine. Zafer bir türlü uyanmak bilmiyordu. Zehra ise ne yapacağını bir türlü kestirememişti. Bir an Zafer'i uykudan kaldırıp otele gitmek istiyordu, sonra da yaşadıkları göz önüne gelince bırak uyusun diyordu. Bu arada evin kadınları avluya sofrayı çoktan hazır etmişlerdi bile. Etrafı yemek kokuları sarmıştı. Zehra'nın açlıktan midesi guruldamaya başlamıştı. Neredeyse dün akşam yediği yemekle ayakta duruyordu.

"Acaba yemeğe kalsak mı?" diye içinden geçirdi. Daha sonra ise bu fikirden haz almamış olacak ki, "Yok, yok. En iyisi biz bir otele gidelim," diye mırıldandı.

İçtiği sigaranın üstüne bir tane daha yaktı. Başını gökyüzüne kaldırıp yıldızlara baktı. "Ne yapacağım Allah'ım bilmediğim bu yerde? Sen bana akıl fikir ver!" Sigarasından bir nefes daha çekmişti ki duyduğu sesle birlikte irkildi.

"Daha acıkmadınız mı?" dedi falcı kadın.

"Ne yalan söyleyeyim. Açlıktan öleceğim galiba."

"İnadı bir kenara bırakın. Aç gitmeyin. Şimdi sofraya oturacağız."

"Kocam uyanmadı mı daha?"

Falcı kadın kendinden emin bir bakış fırlattı Zehra'ya. "Benim dergâhımda insanlar huzur bulur. Bıraksam kocanız sabaha kadar uyuyacak. Ama şimdi uyandırırız. Hiç merak etmeyin siz."

"Çok iyi olur," dedi. "Garibim açtır şimdi." .·

O akşam tabir yerindeyse masada bir tek kuş sütü eksikti. Falcı Fazilet, fakir dergâhının üzerine padişah sofrası kurdurmuştu. Yemekler yendi, kahveler içildi. Zafer yediği yemeğin mi yoksa uykunun etkisiyle mi olsa çoktan kendine gelmişti. "Kendini nasıl hissediyorsun şimdi?" diye sordu kocasına Zehra.

"Biraz daha iyi gibiyim," dedi Zafer cılız bir sesle.

Oturduğu yerden eliyle avlunun bir köşesinde yere serili kilimi gösterip, "Hemen şuraya oturun Zafer Bey," dedi falcı Fazilet.

Zafer kendisine söyleneni hemen yaptı. Zafer'in başını iki bacağının arasına aldı falcı kadın. Avuç içini defalarca Zafer'in baş bölgesinde dolaştırıp durdu. Âdeta kendinden geçmişti Zafer. "Şimdi ne hissediyorsunuz?" diye sordu falcı Fazilet.

Gözlerini açmakta zorlandı Zafer. Mayışmıştı. "Allah aşkına söyleyin," dedi Zafer. "Bana ne yaptınız?"

Bunun üzerine falcı Fazilet tekrar avuç içlerini baş bölgesinde gezdirdi. Sinsi sinsi gülümsedi. "Parmaklarımdan şifa damlar benim. Seni efsunladım!" dedi.

"Efsunlamak mı?"

"Evet. Çok fazla göze gelmişsiniz."

Efsunlamanın ne anlama geldiğini bile bilmeden Zafer, "Allah sizden razı olsun," dedi ağır ağır gözlerini açarken.

Zehra olup bitenleri büyük bir şaşkınlıkla izliyordu. "Ah," dedi kendi kendine. "Benim salak kocam! Çevrede enerji denen şeyin dolaştığından haberin yok mu senin? Ne efsunlanması?"

Daha sonra oturduğu yerden ayağa fırladı. "Artık bu kadar saçmalık yeter. İkinci bir trajediyi kaldıracak durumda değilim. Yemek için teşekkür ederim size. Biz müsaadenizi istiyoruz. Hadi kalk Zafer, gidiyoruz."

Zehra'nın ani çıkışı karşısında neye uğradığını şaşırdı Zafer. Hemen ayağa kalktı. "Özür dilerim," dedi falcı Fazilet'e. "Bize müsaade. Borcumuz ne kadar?"

"Ne borcu? Borç morç yok. Ben bu işi Allah rızası için yapıyorum."

"Allah razı olsun sizden. Hakkınızda anlatılanlar kadar varsınız," dedi Zafer cebinden çıkardığı bir tomar parayı yemek masasının üzerine koyarken.

"Allah aşkına yapmayınız," dedi falcı. "Ne gereği vardı."

"Olur mu öyle şey," dedi kaşlarını çatmış bir halde Zehra. "Bu bizim gönlümüzden kopan. Zaten yeterince zahmet verdik size."

"Evet," dedi Zafer. "Yeterince zahmet verdik size."

"Ne zahmeti canım," dedi falcı Fazilet. Sizlerle tanışmak benim için bir zevkti. Yarın dönüyor musunuz?"

"Hayır," dedi Zafer. "İsterseniz yarın akşam bizim misafirimiz olun. Dışarıda bir yemek yeriz."

Zafer'in kendisine sormadan yaptığı bu teklife Zehra içten içe çok sinirlendi. Ama sustu. Daha az önce yedikleri yemeğin kırıntıları hâlâ masanın üzerinde öylece duruyordu. "Boş ver, sinirlenme. Bir kahvenin kırk yıl hatırı var," diye kendi kendini teselli etmeye çalıştı.

"Ne desem bilmem ki?" dedi falcı kadın kendini ağırdan satarak.

"Hadi ama bizi kırmayın," dedi Zafer. Daha sonra Zehra'ya dönerek, "Öyle değil mi canım?"

Falcı Fazilet'in kendini ağırdan almasından sıkılmıştı Zehra. Yarım ağızla da olsa, "Evet," dedi. "Yarın akşam sekizde sizi buradan alırız."

"Eh peki," dedi falcı Fazilet.

Ertesi günün akşamı sözleştikleri saatte buluştular. O günün sabahı Zafer erkenden kalkmış ve Kıbrıs'ın en meşhur restoranlarından biri olan Niyazi's'de üç kişilik bir masa ayırtmıştı. Restoran kapısından içeri girdiklerinde şef garson falcı Fazilet'i tanıyor olacak ki, "Abla hoş geldiniz," dedi.

"Hoş bulduk oğlum," dedi.

Garson hemen içeriye bir göz attı. Diğer garsonu yanına çağırdı. "Derhal şu cam kenarına ablamı oturtun."

Zafer hemen söze girdi. "Ben Zafer Ateşoğlu. Bu sabah üç kişilik bir yer ayırtmıştım."

Şef garson elindeki listeye baktı. "Birlikte misiniz abla?" diye sordu falcı Fazilet'e.

"Evet," dedi.

"O masayı boş verin," dedi gülerek garson. "Ben sizi şu masaya oturtayım."

O akşam söz sözü açtı. Zafer tıp fakültesinde öğretim üyesi olduğunu ve yaşadıklarını tek tek anlattı. Falcı kadın, Zafer'in anlattıklarını bazen dinliyor bazen de yorumlar yapıyordu. Zafer, falcı kadının görüşlerinden çok etkilenmişe benziyordu. Zehra ise konuşulanlardan daha çok ilk kez tadına baktığı Şeftali Kebabı ile ilgilenmeyi tercih etmişti. Bir ara falcı Fazilet'e dönerek, "Falcılık ilginç bir meslek olsa gerek?" diye sordu.

"İlginç olan şey falcılık değil. İlginç olan şey insanların yaşadığı hayatlar," dedi bir çırpıda falcı kadın.

Masada bir tek içki içen Zehra'ydı. İçtiği kırmızı şarap çoktan kanına karışmıştı. Kıkır kıkır gülmeye başladı. Dili hafiften sürçerek, "Bizim hayatımızı nasıl buldunuz? Yeterince ilginç geldi mi size?" diye sordu.

Kendisine sorulan sorudan pek hoşnut olmamıştı falcı Fazilet. İnceden inceye bir alay sezdi. Ama yılların getirdiği tecrübe ile hazır cevaplığını göstermekte gecikmedi. "Taa İstanbul'dan kalkıp Kıbrıslı bir falcının evine gelmek ne kadar açıklanamaz bir durumsa, sizin yaşadığınız hayat da benim için o kadar ilginç olabiliyor."

O andan itibaren masada buz gibi bir hava esti. Falcı kadın, Zafer'e bakarak, "İnançlı bir insan olduğunuzu görüyorum. Size yardım etmek isterim. Haftaya İstanbul'a geleceğim. Evinizde büyü var. Onu bozmak isterim," dedi.

"Büyü mü? Gerçekten öyle mi?"

"Evet. Maalesef öyle."

"O zaman şeref verirsiniz bize. Sizi misafir ederiz."

"O kadarına gerek yok. Yine de sağ olun. Ama büyüyü bozmak için uğramak isterim. Sizde büyü olduğu gibi göz de var."

Falcı Fazilet'in gizemli tarafı Zafer'i ağırdan ağıra etkisi altına almaya başlamıştı. Anlamsız bir şekilde Zafer'i kendisine çekiyordu Falcı Fazilet. O mavi gözlere Zafer nedense bakamıyordu.

Falcı Fazilet de aynı duyguları nedense ona karşı hissetmişti. Daha önceleri böyle bir duyguyu başka bir erkeğe karşı hissetmediğini düşündü. Kocası kanserden öleli tam on bir yıl olmuştu. O zamandan beri tenine başka bir erkeğin eli değmemişti. Yapayalnızdı.

Zafer'in, Falcı Fazilet'e karşı ilgisini ilk fark ettiğinde Zehra, bu durumdan hiç hoşnut kalmadı. Falcı Fazilet'in bir açığını yakalamaya çalışıyor ama bir türlü bulamıyordu. Yine o açıklardan

103

birini yakalamak için, "Çok para kazanıyor olmalısınız?" diye sordu.

"Keşke öyle olsaydı," dedi gülerek Falcı. "Ben bu işi Allah rızası için yapıyorum. Yaşadığım evi gördünüz. Oturacağım doğru dürüst bir koltuğum bile yok. Yıllar önce bir rüya gördüm. Rüyama giren melek benim böyle bir misyonum olduğunu ve dünyevi işlerden uzak durmam gerektiğini söyledi. Dört yıl boyunca inzivaya çekildim. Yemedim, içmedim. Çocuklarımdan ayrı yaşadım. Sonunda Allah tarafından bir mükâfat verildi bana. Üçüncü gözüm açıldı. Her şeyi görüyor ve hissediyorum. Bana inanan insanlara yardım elimi uzatıyorum şimdi."

Falcı kadın konuştukça, Zafer'in ona karşı hayranlığı her geçen saat daha da artıyordu. "Allah sizin gibi insanlardan razı olsun. Tuttuğunuz altın olsun. Konuşmuyorsunuz da âdeta ağzınızdan bal damlıyor sizin," dedi Zafer.

"Bütün bunlar saçmalık," dedi şarabından son bir yudum alırken Zehra.

"Haklısınız," dedi falcı. "Bana inanan insanlar için demiştim."

"Hayret," dedi Zehra. "Oysa ben de bu zamana kadar kendimi inançlı birisi olarak bilirdim."

"Pardon," dedi falcı kadın. "Beni yanlış anladınız. Yemek için teşekkür ederim. Beni artık eve bıraksanız iyi olacak."

Masadan kalkarlarken Zafer, ne yaptın gibisinden Zehra'ya sert bir bakış fırlattı. Zehra ise hiç umurunda değilmiş gibi bir tavır takınarak masadan kalktı.

***

Zafer telefonu kapattı. Tekrar yemeğe oturdu. "Seninki ha," dedi acı acı gülerek Zehra. "Ben de ne zaman arayacak diye dört gözle bekliyordum!"

"Yarın akşam misafirimiz olacak."

"Gelsin bakalım," dedi Zehra alaycı bir tavırla. "Zaten evdeki büyülerin de bozulmaya ihtiyaçları vardı."

"Bu kadın da kim anne?" diye sordu Barış.

"Ben bilmem. Baban daha iyi bilir kim olduğunu. En iyisi sen ona sor oğlum."

"Yemeğini ye," diye çıkıştı Zafer oğluna. "Gevezelik etmeyi bırak. Yarın görürsün kim olduğunu."

"Doğru," dedi Zehra. "Babanız haklı. Yarın akşam kim olduğunu göreceksiniz. Hadi benim güzel kızım. Bir kahve yap da içelim."

"Biliyor musun?" dedi Zafer. "Şayet benimle dalga geçmezsen söylerim."

"Neyi?"

"O akşam ne gördüğümü."

"Hangi akşam? Benimle bulmaca çözer gibi konuşmandan nefret ediyorum. Kırk kez söyledim. Bir lafı uzatmadan söyle diye."

"Fazilet Hanım'ı evine bıraktığımız son gece."

"Evet, ne olmuş?"

"Hani o akşam ikiniz de arka koltukta oturmuştunuz. Arabanın dikiz aynasından baktığımda ne gördüğüme inanmayacaksın."

"İnsanı meraktan çatlatırsın sen. Ölümü gör. Ne gördüğünü çabuk söyle."

"Kızmayacağına söz ver, öyle söylerim."

"Tamam, söz sana."

"O akşam senin başından aşağıya nur yağıyordu!"

Zehra donup kaldı. Kendine geldiğinde, "Nee, ne yağıyordu, nur mu?" diye sordu.

"Doğru söylüyorum," dedi Zafer. "Nur yağıyordu başından aşağıya."

Sinirleri iyiden iyiye bozuldu Zehra'nın. Gülmeye başladı. "Sen hayatında daha önce kaç kez nur gördün Zafer Efendi?" "Sen dalganı geç. Bir gün de söylediğim bir şeye inansan ölürsün." "Saçmaladığının farkında mısın sen? Bu saçmalığa nasıl inanmamı beklersin. Sen kafayı yemişsin. Biz melek miyiz ki başımızdan aşağıya nur yağsın? Hangi nurdan bahsediyorsun? Falcı karının başına örttüğü yaldızlı eşarbı görmedin mi? Gecenin bir vakti arkadan gelen arabaların ışıkları vurunca o yaldızlar da parlama yapmıştır. O parlama sana nur gibi mi göründü?"

"Hayır," dedi bu sefer düşünceli düşünceli Zafer. "Gördüğüm şeyin ışık yansıması olması imkânsız. Gördüğüm şey başka bir şeydi. Gördüğüme mi inanayım sana mı?"

Bilge elinde kahve ile içeri girdi. Masadan o sinirle kalktı Zehra. "Allah sana akıl fikir versin. Başka da söyleyecek bir söz bulamıyorum."

Bilge olup bitenlere bir anlam veremedi.

"Ver kızım kahveyi," dedi. "Zıkkımı balkonda içeceğim."

Ertesi günün akşamı falcı kadın bir başına çıkageldi. Zehra, falcı kadının evine gelmesini her ne kadar içine sindirememiş olsa da, onun evinde yediği yemeğin hatırına masayı donatmıştı. O gün çocukların falcı kadınla tanışmasını istemediği için akşama doğru annesine gönderdi. Zafer ise falcı kadını tekrar gördüğü için mutluluktan uçacak gibiydi. Aralarında garip bir iletişim kurulmuştu. Kıbrıs'tan döndüğünden beri yaşadığı sorunların hepsini unutmuş gibiydi. Son bir haftadır neredeyse falcı kadının ismiyle yatıyor, onun ismiyle kalkıyordu. Zafer'deki bu büyük değişim, Zehra'nın gözünden kaçmamıştı. O nedenle bir taraftan seviniyor diğer taraftan ise bu ani değişim onu korkutuyordu.

O akşam falcı kadın bir taraftan kendisi için kurulan sofraya bakıp, "Ne zahmet ettiniz! Gerçekten bütün bunlara hiç gerek yoktu," derken, diğer taraftan göz ucuyla evi süzüyordu. "Görmeyeli neler yapıyorsunuz?" diye sordu Zafer. Falcı Fazilet çorbasını kaşıklarken, "Ne yapalım, hep aynı şeyler. Değişen bir şey yok. Önemli bir işim vardı. Bir an önce halledip döneceğim. Bu gece arabayla Konya'ya gidiyorum. Gitmeden size uğrayıp şu büyüyü bozmak istedim," dedi.

"İyi yapmışsınız," dedi Zafer. "Allah sizden tekrar razı olsun. Sayenizde bir haftadır doğru dürüst uyuyabiliyorum. Âdeta yeniden doğmuş gibiyim."

Falcı kadın sinsi sinsi gülümsedi. "Daha durun," dedi. "Hiçbir şey yapmadım. Benim dergâhıma gelen insanlar dertlerine derman bulmadan gitmemiştir. Cinlerim sizi koruyacaklar."

Falcı kadının söyledikleri yüreğini ağzına getirdi Zehra'nın. "Cin mi dediniz?"

"Evet," dedi falcı. "Cinlerim sizi koruyacak."

Zehra sinirden gülmeye başladı. "Aman," dedi. "Cin min istemeyiz. Siz başkasına gönderin onları. Bir cinimiz eksikti vallahi."

"Cinlerin varlığını inkâr etmek, Kuran-ı Kerim'i inkâr etmek olur. Lütfen, tövbe deyin," diye çıkıştı falcı kadın Zehra'ya.

Bu sefer çok sinirlendi Zehra. "Sizden neyi öğrenip, neyi öğrenmeyeceğimi çok iyi biliyorum. Beni daha önce inançsız olarak suçladınız, şimdi ise kâfir olarak suçluyorsunuz. Bu hakkı size kim veriyor? Benim kadar Allah'a inancınız olsun, bu size yeter de artar bile. Peygamber yerine koymayın kendinizi. Altı üstü bir falcısınız."

Yüzü kireç gibi oldu Falcı Fazilet'in. Haddini çoktan aştığının farkına vardığında, Zehra'dan özür dilemek zorunda kaldı. "Kusura bakmayın, beni yanlış anladınız. Ya da ben size ne söylemek istediğimi anlatamadım. Sizi kırdıysam, beni bağışlayın."

Zafer yine iki kadın arasında kalmıştı. Bu sefer durumu nasıl kurtaracağını bilemiyordu. Karısına dönerek, "Hadi canım," dedi. "Bir yanlış anlaşılma oldu. Fazilet Hanım bu akşam tanrı misafirimiz."

Falcı kadın tekrar söze girdi: "Ne olur beni bağışlayın. Gelir gelmez böyle bir şeyin olmasını inanın ben de istemezdim. Gerçekten yanlış anladınız."

Zehra, dilenen özürlerden sonra birazcık da olsa yumuşamaya başlamıştı. "Ama siz de ne konuştuğunuzu iyi tartıp biçin," dedi.

Bu yaşanan tatsız olaydan sonra falcı Fazilet'in ağzının tadı tuzu iyiden iyiye kaçmıştı. "Gelir gelmez ne yaptın salak karı? Dilini eşşşek arısı soksun!" diye içten içe kızıp durdu kendine. Daha fazla oturamayacağını anlamıştı. "Kusura bakmazsanız," dedi. "Bir an önce yapacağımı yapsam da ben izninizi istesem. Daha gideceğim uzun bir yol var."

"Hiç olur mu," dedi Zafer. "Daha yeni geldiniz. Yemeğinizi bile doğru dürüst yemediniz. Gideceğiniz yer bir yere kaçmıyor ya. Konya'da ne işiniz var?"

"Baba ocağı," dedi falcı kadın. "Fazla da geceye kalmak istemiyorum. Bir an önce yola koyulsam iyi olacak."

"Peki," dedi Zafer. "Şayet Konya'ya gitmeseydiniz sizi hayatta bırakmazdım bu akşam. Ama bu gelişinizi saymayız, yine bekleriz."

"Tabii, düşman değiliz ki. Öyle değil mi Zehra Hanım?" diye sordu falcı kurnazca.

"Niye düşman olalım ki canım. Kapımız her zaman açık size," dedi yarım ağızla Zehra.

Salondaki duvarda asılı olan tabloyu parmağıyla göstererek, "O resmi indirin," dedi falcı. Zafer oturduğu yerden fırladığı gibi, Zehra'nın Paris'ten aldığı tabloyu duvardan indirdiği gibi yere koydu.

"O resim orada kalsın şimdilik," dedi falcı. "Yarın onun yerine bir Kur'ân kitabı asın."

"Peki," dedi Zafer.

"Beni yatak odanıza götürün."

Zehra'nın basireti bağlanmış gibiydi. Falcı kadının her söylediğini hiç sorgulamadan tek tek Zafer'le birlikte yapıyordu. Falcı kadının büyüyü bozmak için ikisinden de istedikleri bittiğinde, salonun ortasında üç valiz dolusu kıyafet ve eşya öylece yerde duruyordu.

"Zafer Efendi," dedi falcı. "Sizden son bir isteğim daha var. Az önce duvardan çıkardığınız şu tabloyu da, şu büyükçe olan valizin içine koyar mısınız?"

Kendisinden son kez istenilen şeyi de hiç düşünmeden yaptı Zafer. "Şimdi valizlerin ağzını kapatalım," dedi falcı.

Her biri bir valizin yanına diz çökmüş, ağızlarını kapatıyorlardı. Zehra'nın aklı daha yeni yeni başına geliyordu. "Eee," dedi falcıya. "Neredeyse evi boşalttık. Ne giyinecek bir kıyafetimiz ne de eve koyacağımız bir süs eşyamız kaldı. Sorması ayıp olmazsa, bütün bunları ne yapacaksınız?"

Falcı kadın gülümsedi. "Bunları fakir fukaraya dağıtacağım. Bu valizlerin içindeki her şeyde ya büyü ya da göz var. Başınızın, gözünüzün sadakası olsun."

Yaptığı aptallığın çoktan farkına vardığından bu kez Zehra gülümsedi hem kendine hem de falcıya. "Vermediğimiz başka bir şey kaldı mı?"

"Aslında evet," dedi falcı. "Üç yüz elli gram külçe altın."

"Anlamadım," dedi Zehra. "Ne?"

"Üç yüz elli gram külçe altın," diye tekrarladı falcı.

"O ne içinmiş?" diye sordu Zehra sinirden gülerken.

"Kendim için istemiyorum, zekât gibi bir şey olacak."

"Kime zekât veriyoruz?" diye soracakken Zehra, Zafer söze girdi.

"Hadi aldık diyelim. Külçe altını nereden buluruz? Normal altın olmuyor mu?"

"Hayır," dedi falcı kadın ciddi bir yüz ifadesi takınarak. "Büyük kuyumculara gidip, özel sipariş vermeniz gerekebilir. Bunu sizin iyiliğiniz için istiyorum. Bu külçe altının sizin elinizden çıkması lazım. Yoksa başınız beladan kurtulmayacak."

"Bu saçmalık," dedi Zehra.

"Tamam," dedi Zafer. "Daha fazla lafı uzatmayalım. Ben bunu hallederim."

"İyi o zaman," dedi falcı kadın. "Ben müsaadenizi istiyorum artık."

BÜYÜK DEĞİŞİM

Yazın tam ortasıydı. Sıcaklardan Zehra'nın geceleri gözüne bir türlü uyku girmiyordu. O sabah yine erkenden ayağa dikilmişti. Dışarı balkona çıktı. Hava nem yüklüydü. Nefes alıp vermekte zorlandığını hissetti. Bir sigara yaktı. Sabah ezanı okunmaya başladı. Ezanın okunmasıyla birlikte içeriden bir tıkırtı duydu. Sigarasından bir nefes çekerken, "Tamam," dedi içinden. "Bizimkisi namaza kalktı." Daha sonra hiç istifini bozmadan sigarasını içmeye devam etti.

Salona geri döndü. Krem rengi üçlü koltuğun üstüne kıvrıldı. Uykusuzluk gözlerine bir perde gibi inmeye başlamıştı. Yan odada namaz kılan Zafer'in sesini duydu. "Allahuekber, Allahuekber..."

Daha fazla uykusuzluğa dayanamadı. Yattığı koltuğun üstünde sızıp kaldı. Gözlerini açtığında telefon çalıyordu. Günlerden

Cumartesiydi. Yattığı yerde homurdanmaya başladı: "Sabah sabah bu saatte hangi densiz arar?"

Kıvrıldığı yerden kalktı. Telefonun ahizesini kaldırdı. "Alo," dedi uyku sersemiyle.

"Bir saattir çaldırıyorum, neden bakmıyorsunuz telefona, öldünüz mü?" dedi telefonun diğer ucundaki ses.

"Kimsiniz?"

"Elinin körüyüm. Kim olacağım? Kocanım kocan."

"Allah Allah," dedi şaşkınlıkla Zehra. "Sen evde değil misin?"

"Dünyadan haberin yok senin," dedi Zafer. "Özel bir hastanede bir vaka vardı. İşim şimdi bitti."

"Ben nereden bileyim nerede olduğunu. Bugün hafta sonu değil mi? Dün akşam bana bir şey de söylemedin. Kahvaltı yaptın mı? Yapmadıysan çabuk gel."

"Bu saate kahvaltı mı kalır. Saatten haberin yok senin galiba. Neredeyse öğle oldu."

"Ne bileyim canım saatin kaç olduğunu. Sıcaklardan uyuyamıyorum. Gözüme gram uyku girmiyor. Sabaha doğru uzandığım yerde sızıp kalmışım."

"Boş ver şimdi bu boş konuşmaları," dedi Zafer. "Bir an önce hazırlık yap. Taşınıyoruz."

"Ne? Ne dedin sen? Ne yapıyoruz?"

"Duymadın mı beni. Taşınıyoruz."

"Nereye?"

"Yeşilköy'e."

"Yeşilköy mü?"

"Evet."

"Yeşilköy de nereden çıktı?"

"Oturduğumuz evin hem enerjisi yokmuş hem de o semtte oturan insanlar bana göre değil artık. Çoğu dinsiz ve Allahsızlar."

Şaşkınlıktan ne diyeceğini kestiremedi. Zafer'in şaka yaptığını düşündü. "Bu söylediklerin şaka mı?"

"Ne şakası?" dedi Zafer. "Yeşilköy'de bir villa kiraladım. Zaten ev çok küçük geliyordu. Apartmanda yaşamaktan sıkıldım. İyi de para kazanıyorum artık. Maddi yönden bir sıkıntımız olmaz."

"Benim anlamadığım şu," dedi Zehra. "Enerji de ne demek? Bunu bana açıklar mısın? Evin enerjisinin olmadığına sen nasıl karar verdin?"

"Ben değil," dedi Zafer.

"Peki sen değilsen öyleyse kim?"

"Fazilet Hanım."

"Kim, kim?"

"Fazilet Hanım."

"Fazilet Hanım mı?"

"Evet."

"Beni deli etme. Bu evin hanımı o orospu karı mı ki her şeye o karar veriyor?"

Zafer, Zehra'nın çok kızdığını anlamıştı. "Ama," dedi. "Evi bir de sen gör. Vallahi de billahi de bayılacaksın. Üstelik bahçesi de var. Emlakçıya kaporayı bile verdim."

"Falcı karı gördüyse benim görmeme gerek yok," dedi sinirli sinirli Zehra.

"Falcı niye görsün canım?"

"Yoo, öyle söyleme," dedi Zehra. "Görsün, görsün. Görsün ki karar versin. Evin enerjisi var mı yoksa yok mu?"

"Off be," dedi Zafer. "Yeter artık. Çok uzattın. Sana iyilik de yaramıyor."

"Gözlerini aç da bana bak," dedi sesini yükselterek Zehra. "Hem suçlusun, hem de güçlü! Ben mi sana ev bul da taşınalım dedim. Benim kızdığım taraf taşınmamız değil. Benim bu olaydan haberimin olmaması. Ben eşekbaşı mıyım bu evde? Allah seni de o kadını da kahretsin."

Zehra sinirinden daha fazla konuşamadı. "Tamam," dedi Zafer. "Sana söz veriyorum. Şayet evi beğenmezsen taşınmayacağız. Bir de iyi tarafından düşün. Senin işyerine de çok yakın. Her gün Etiler'den kalkıp gelmek bir ölüm."

"Beni anlamıyorsun artık Zafer. Ben ne söylüyorum, sen ne söylüyorsun. Tekrar edeceğim. Benim kızdığım taşınmamız değil. Bundan neden benim haberim son saniyede oluyor. Falcı karının bir lafı ile ev mi değiştirilir. Başka bir eve taşınmayı ben isteseydim eminim ki bunu dikkate bile almazdın."

Zehra âdeta boşa kürek çekiyordu. Aklına koyduğu şeyi çoktan yapmaya karar vermişti Zafer. Bir hafta sonra apar topar taşındılar. Taşındıkları ev tripleksti. Altı oda ve iki salondan oluşan, bahçesinde iki tane ıhlamur ağacı, bir tane erik ağacı ve üç tane elma ağacı vardı. Taşındıklarında eski eşyaları evin içinde kaybolmuştu. O nedenle yeni eşyalar almak zorunda kalmışlardı. Sıcak yaz gününde ansızın ortaya çıkan bu taşınma işi hepsini çok yormuştu. Bilge, "Tatile ne zaman çıkacağız?" diye sordu annesine.

Zehra kısa bir an düşündükten sonra, "Haklısın," dedi kızına. "Akşam baban geldiğinde konuşurum. Birlikte tatil planı yaparız."

Akşam Zafer eve geldiğinde Zehra hiç zaman kaybetmeden tatile nereye ve ne zaman gidileceğini sordu. Zafer, tatil için zamanının olmadığını ve kalıp çalışması gerektiğini söyledi. "Peki," dedi Zehra. "Nasıl bir çözüm bulalım o zaman?"

"Siz en iyisi bensiz tatile çıkın."

"Ama nasıl olur? Artık birlikte çok zaman geçiremiyoruz. Şimdi de tatile bir başımıza mı gidelim?"

"Yapacak bir şey yok," dedi Zafer. "Sen çocukları al git. Nereye gitmek istiyorsunuz? Yarın telefon açıp yer ayırtayım."

Bilge hemen söze atıldı: "Ne olur anne Bodrum'a gidelim. Yalvarırım sana. Arkadaşlarım da orada."

Zafer'in kendileri ile birlikte tatile gelmemesine içerlemişti Zehra. Son bir kez "Bir iki günlüğüne de olsa gelemez misin?" diye sordu. Başını iki yana salladı Zafer. "İmkânsız," dedi. "Peki, öyleyse," dedi üzüntülü bir şekilde Zehra.

Ertesi gün Zafer, iki haftalığına Bodrum'da beş yıldızlı bir otelden yer ayırttı. Bir-iki gün sonra da Zehra ve çocukları uçağa bindirip Bodrum'a yolcu etti. O günün akşamı eve döndüğünde hemen telefon ahizesini eline aldı. Ezberinden bir numara çevirdi. Telefon kısa bir çalıştan sonra açıldı. "Alo," dedi kadının biri.

"Pardon," dedi heyecanlı bir ses tonuyla Zafer. "Eee ben şey, Zafer Hoca. Fazilet Hanım'la görüşecektim."

"Kim hoca?" dedi kadın

"İstanbul'dan Zafer Hoca."

"Sizi tanıyor mu hanımefendi?"

"Evet."

"O zaman bir saniye."

Kısa bir süre telefon elinde bekledi Zafer. Daha sonra, "Alo," diye bir ses geldi.

Zafer, falcı kadının sesini duyar duymaz heyecanlanmıştı. "Alo, alo," dedi birkaç kez. "Fazilet Hanım benim, ben. İstanbul'dan Zafer Hoca. Nasılsınız?"

Falcı Fazilet çoktan anlamıştı arayanın Zafer olduğunu. Ama nedense anlamazlığa geldi.

"Pardon," dedi. "Kim?"

"İstanbul'dan Zafer Hoca. Hani geçen haftalarda evime gelmiştiniz. Evdeki büyüyü bozmuştunuz. Hatta asansörde bana oturduğunuz evi değiştirin demiştiniz. Üç yüz elli gram da külçe altın istemiştiniz. Müsaitseniz altını size getirmek istiyorum."

115

Külçe altını duyar duymaz falcı kadının gözleri fal taşı gibi açılmıştı. "Aaa, hiç tanımaz olur muyum sizi Zafer Hoca? Siz olduğunuzu baştan beri neden söylemiyorsunuz?" Zafer, falcı kadının bu sözleri üzerine ne söyleyeceğini şaşırdı. "Önemli değil," dedi. "Eminim sizi bir sürü insan her gün arıyordur." "Ah," dedi falcı. "Kusura bakmayın. Dergâhıma o kadar çok insan geliyor ki, isim aklımda tutamıyorum. Ama sizi ben nasıl unutabilirim! Benim için şimdiye kadar evime girip çıkan insanlardan çok farklısınız. Bazen sizi düşünüyorum. Ve o kadınla mutsuz olduğunuz için çok üzülüyorum. Siz mutluluğu hak eden birisiniz. Ne yalan söyleyeyim, sizi hiç unutamadım. Neyse özür dilerim. Galiba biraz ileri gittim. Karınız nasıl?"

Zafer bir anda şaşkınlıktan ne diyeceğini bilemedi. Falcı Fazilet'in söyledikleri içten içe hoşuna gitmişti. O da aynı duyguları hissetmeye başlamıştı; ama bir türlü tam olarak ne hissettiğinden emin değildi. Düşünceleri karmakarışıktı. Bir anda daldığı düşüncelerden çıktı ve, "Çok şükür iyi," dedi. "Çocuklarla birlikte tatile gitti."

"Siz niye gitmediniz?"

"Yok," dedi Zafer. "Günde beş vakit namaz kılan birisiyim."

Yakaladığı her fırsatta sinsiliğini göstermekten kaçınmıyordu falcı Fazilet. Yine böyle bir an yakalamıştı. "Ama," dedi. "Bakıyorum da, karınızı gönderiyorsunuz bir başına o tür yerlere!"

"Ne söyleseniz yerden göğe kadar haklısınız. Ama gelin görün ki, değişim bir anda olmuyor. İnşallah onun gitmediği günleri de göreceğiz."

"Aferin," dedi falcı. "Erkek adam böyle olur. Gerçek Müslüman böyle düşünür."

Falcının söyledikleri Zafer'in gururunu okşamıştı. "Allah sizden razı olsun," dedi ve arkasından da hemen ekledi: "Müsait misiniz?"

"Sormanız bile ayıp," dedi falcı Fazilet. "Vallahi bir daha. duymamış olayım. Bu dergâh benim değil. Allah'ın bir evi. İstediğiniz zaman kapıyı çalmadan gelebilirsiniz. Ne zaman gelmeyi düşünüyorsunuz?"

"Bugün yarın."

Kısa bir süre duraksadı falcı. Bir şeyden emin olmak istedi. "Karınızda mı gelecek?"

"Hayır, hayır," dedi Zafer. "Hiç endişe etmeyin. Yıldızlarınızın barışmadığını biliyorum. Ben tek başıma geleceğim."

"Yok canım," dedi. "Ben herkesle gayet iyi anlaşırım. Ama gelin görün ki, karınız bana çok ön yargılı bakıyor."

İki gün sonra Kıbrıs'a gitti Zafer. Küçük bir otele yerleşti. Öğleye doğru falcı Fazilet'i telefonla aradı. Geldiğini haber verdi. Falcı Fazilet, kaldığı otelin telefon numarasını aldı. Akşama doğru arayacağını söyledi. Öğle namazını kıldıktan sonra Zafer uzandığı yerde uyuyakaldı.

* * *

Akşam olmak üzereydi. Herkes yavaş yavaş denizden çıkıp akşam yemeği için odalarına çekiliyordu. Zehra okuduğu kitabın arasına bir ayraç koyup, uzandığı şezlongdan doğruldu. "Off, off," diye söylenmeye başladı. "Yatmaktan her tarafım tutulmuş..." Daha sonra etrafına bakınmaya başladı. Bilge ve Barış hâlâ yüzüyorlardı. Havlusunun arasına kitabını ve güneş kremini koyduktan sonra çocuklara seslendi: "Yeter artık, akşam oldu. Denizden hemen çıkın. Odaya gidiyoruz. Biraz dinlenip, sonra da akşam yemeği için dışarı çıkacağız."

Bilge, kıyıya doğru hızla yüzmeye başladı. Barış ise ona yetişmek için kulaç atarken, "Beni de bekle, beni de bekle," diye avazı çıktığı kadar bağırıyordu.

Denizden dışarı çıktığında Bilge, "Bu akşam otelde yemek yemiyor muyuz?" diye sordu annesine.

"Hayır," dedi Zehra. "Bu akşam dışarıda yiyeceğiz. Üç gündür neredeyse otelden dışarı çıkmadık. Biraz değişiklik olur." Annesinin elinde tuttuğu anahtarı kaptığı gibi koşmaya başladı Barış. "Oley! Yaşasın. İlk önce ben duş alacağım."

Barış'ın arkasından yürürken Zehra gülmeye başladı: "Tam bir serseri oldu bu çocuk."

"Anne," dedi Bilge.

"Söyle kızım."

"Bu akşam arkadaşlarımla buluşabilir miyim? Kaldıkları otelin telefonu var. Geldiğimden beri yüzlerini görmedim."

"Aman, kızım," dedi Zehra. "Çok geç vakitlere kadar kalma. Başına bir şey gelirse, baban beni keser. Yemekten sonra bir-iki saatliğine istersen buluş. Sonra hep birlikte otele döneriz."

"Off be anne," dedi Bilge. "Bana çocuk muamelesi yapmaktan ne zaman vazgeçeceksin?"

Zehra belinden tuttuğu gibi Bilge'yi kendine çekti. Yanağından öpüp sarıldı. "Annesinin kuzusu," dedi. "Kundaktaki bebek gibisin sen. Her zaman da öyle kalacaksın benim için."

Bilge güldü. "Desene yandık o zaman."

Akşam karanlık çökmek üzereyken Bodrum'un merkezine indiler. Barlar Sokağı'nın yakınlarında çok nezih bir balık restoranından içeri girdiler. İçerisi oldukça loş bir ışıkla aydınlatılmıştı. Masada birkaç küçük mum yanıyordu. Tavandan aşağıya doğru balıkçı ağları sarkıyordu. Duvarlar deniz kabukları ile süslenmişti. Garson onları boş bir masaya oturturken komi çoktan meze tepsisini getirmişti. Garson tepsinin içindeki meze tabaklarını gösterip, "Ne yersiniz?" diye sordu.

Zehra, tepsinin içindeki mezelere bakıp sipariş veriyordu ki Bilge, "Anne," dedi.

"Ne var kızım?"

"İnanmıyorum!"

"Neye?"

"Gördüklerine."

"Ne gördün?"

"Tanıdık birini."

Zehra başını kaldırıp çevresine baktı ama kimseyi göremedi. "Çatlatma insanı. Çabuk söyle. Kimi gördün?"

"Nigar Abla'yı."

"İnanmam," dedi o şaşkınlıkla Zehra. "Şaka yapıyorsun."

"Vallahi doğru söylüyorum anne."

"Pardon," dedi garsona Zehra. "Bir saniye bekleyin. Hangi tarafta oturuyorlar kızım?"

"Şu tarafa baksana anne."

"Aa! İnanmıyorum! Vallahi doğru söylüyorsun kız. Onlar."

Barış, oturduğu yerden fırlayarak Nigarların oturduğu masaya doğru koştu. Bir anda karşısında Barış'ı gören Nigar şok oldu: "Aa! Gözlerime inanmıyorum. Barış, sen misin oğlum? Akşam akşam nereden çıktın sen böyle?"

"Benim ben," dedi Barış. "Annemler de burada Nigar abla."

"Göster bakayım," dedi Nigar.

Barış eli ile oturdukları masayı işaret etmeye kalmamıştı ki, Zehra ve Bilge yanlarına geldi. "İnanmıyorum," dedi Nigar, Zehra'ya sarılırken. "Dünya ne kadar da küçükmüş meğerse. Kız, Allah aşkına söyle? Hangi rüzgâr attı sizi buraya."

"Esas," dedi kırgın bir ses tonuyla Zehra. "Bizi boş verin siz. Taşındığınızdan beri bir kere arayıp sormadın. Sesine hasret kaldım. Öldünüz mü kaldınız mı belli değil! Allah aşkına ne oldu? Kara kedi mi girdi aramıza."

"Ah şekerim," dedi Nigar. "Yerden göğe kadar haklısın. Son yıllarda yaşadığımızı bir biz biliriz bir de Allah. Yaşadıklarımı

119

Allah düşmanıma bile göstermesin. O şerefsiz adam hayatımızı mahvetti."

O sırada garson masaya geldi. "Pardon," dedi Zehra'ya bakıp. "Nereye oturacağınıza karar verdiniz mi?"

"Benim masama oturacaklar," dedi Nigar. "Masaya yeni servis açın."

"Peki," dedi garson.

"Sahi kız," dedi Nigar. "Zafer'i göremiyorum. O nerede?"

"Biz üçümüz geldik. O gelemedi. Bilirsin iş güç. Ben de Sercan'ı göremedim. O nerede?"

"Yurtdışına kaçtı."

"Ne?"

"Yurtdışına kaçtı."

"Nasıl yani?"

"O şerefsiz ortağı yıllar sonra geçen hafta defteri mahkemeye sundu. Mahkemeden bizimkinin hakkında gıyabi tutuklama kararı çıktı. O da bu kararın böyle çıkacağını avukatından öğrenir öğrenmez yurtdışına kaçtı. Suçu, devleti nitelikli dolandırmakmış."

"Nasıl olur?" dedi hayret dolu bakışlarla Zehra. "Falcı öyle söylememişti. Falcı kadın demişti ki..."

Nigar, falcı Fazilet'in ismini duyunca neredeyse sinir krizi geçirecekti. "Sen boş ver o orospu kaltağı. Ne olur bir daha ondan bahsetme bana. Onun adını bir kez daha olsun duymak istemiyorum. Bizi yıllardır hep bir kaz gibi yoldu durdu. O kadının Allah'ı, dini para. Falcı değilmiş o sürtük, meğerse bir vampirmiş. İliğimize kadar kuruttu bizi. O kaltağın söylediğine inanmasaydık, o şerefsiz adamla orta yolu bulmuştuk şimdi."

Nigar konuştukça Zehra derin düşüncelere dalıp gitti.

"O kadar söyledim bizim aptal herife. Bu kadına çok güvenme diye. Ama erkek milleti değil mi? Beni bu olayda başından

120

beri bir kez olsun bile dinlemedi. Git, o şerefsiz adamla ara yolu bul dedim. Ama falcı kadın bir kere defter ortaya çıkmayacak deyince, herife bir güven geldi. Adamla restleştikçe restleşti. Şimdi git seni falcı karı kurtarsın. Bir tek kendini yaksa iyi, bizi de yaktı. Ortağı ile bütün meseleler halloldu derken son dakikada başımıza geleni görüyor musun?"

"Üzülme," dedi Zehra. "Artık olan olmuş."

"Öyle deme kız," dedi Nigar. "İnsan başına gelmeyince anlayamaz tüm bunları."

"Seni gayet iyi anlıyorum," dedi Zehra. "Senin falcı kadın şimdi de bize çöreklenmiş vaziyette."

"Nasıl?" dedi Nigar hayret dolu bakışlarla.

"Hiç sorma," dedi Zehra. "Bilmem ki, nereden başlasam, nasıl anlatsam. Bu kadın senin hayatını mahvettiği gibi şimdi de benimkini mahvediyor. Zafer, kadına neredeyse Allah diye tapacak. İnan ki bazen düşünmüyor değilim. Bu ikisinin arasında benim bilmediğim bir şey mi oldu? Koskoca bir adam. Üstelik ilim irfan sahibi. Kadın ne söylese bizimkisi hemen onu yapacak. Bu nasıl bir çıkmaz Nigar? Ben nerede hata yaptım. Bir kere avucunun içine aldı benim salağı. Bakalım bu işin sonu nereye varacak. Bazen çok korkuyorum. Keşke bana geldiğin o akşam hiç bu falcı kadının adını konuşmamış olsaydık. Ama ben nereden bilebilirdim ki kocamın bu kadar zavallı bir insan olabileceğini."

O akşam Zehra hiç istemediği kadar çok içti. Falcının hayatlarına nasıl olup da girdiğini anlattıkça içiyor, içtikçe anlatıyordu. Gecenin sonuna geldiklerinde her iki kadın da zilzurna sarhoş olmuştu. Birbirlerinin konuşmalarını güçbela anlıyorlardı artık. Garsondan hesabı isterken Nigar, "Şimdi her şey yerli yerine oturuyor," dedi.

"Oturan ne?" dedi Zehra iki kelimenin yakasını zar zor da olsa bir araya getirirken.

121

"Sercan haftalar önce bana söylemişti. Zafer'in kendisini arayıp falcı kadının telefonunu istediğini. Sercan da falcı kadınla konuşmuş. Size bir arkadaşımı gönderiyorum, lütfen ilgilenin diye. Ama ben senin gittiğini inan ki bilmiyordum. Kadın öyle uyanık birisi ki, çaktırmadan bizim salağın ağzından Zafer'in bütün şeceresini kerpetenle diş çeker gibi çekip almış o gün." Zehra'nın sanki başından aşağıya kaynar sular döküldü. O anda içine büyük bir sıkıntı düştü. "İnanmıyorum," dedi. "Allah belamı versin! Ben de bu kadın nasıl oluyor da her şeyi bire bir bu kadar doğru bilebiliyor dedim kendi kendime o gün. Meğerse ne kadar da aptalmışım ben. Ben ne yaptım? Ah geri zekâlı kafam."

* * *

Zafer, başucunda çalan telefonun sesine uyandı. Derin bir uykudan sersem gibi kalktı. Gözlerini ovuşturdu. Çevresine bakındı. O anda nerede olduğunu çıkaramadı. Tekrar çevresine bakındı. Komodinin üzerinde duran kol saatine gözü takıldı. "Olamaz," diye söylendi. "Ölü gibi uyumuşum. Neredeyse akşam olmuş."

Hemen telefonun ahizesini kaldırdı. "Alo," dedi.

Arayan resepsiyon görevlisinden başkası değildi. Görevli kibar bir ses tonuyla, "Zafer Bey?" dedi.

"Evet."

"Resepsiyondan arıyorum efendim. Telefonunuz var. Fazilet Hanım arıyor. Bağlamamı ister misiniz?"

"Lütfen, hemen bağlayın."

Falcı Fazilet, telefonda Zafer'e hazırlanmasını ve onu bir saate kadar kaldığı otelden gelip alacağını söyledi. Zafer telefonu kapatır kapatmaz banyoya koştu. Önce tıraş oldu, sonra duş aldı. Aşağıya resepsiyona indi. Tam bir bardak çay söylemişti ki, dışarıda duran otel görevlisi yanına yaklaştı.

122

"Pardon," dedi. "Zafer Bey siz misiniz?"

"Evet."

"Sizi dışarıda bir araba bekliyor."

"Hay Allah," dedi. "Kısmet değilmiş. Bir çay söylemiştim. İptal eder misiniz?"

Otel görevlisi gülerek başını salladı. "Önemli değil efendim. Bir çay alacağınız olsun bizden," dedi.

Zafer, dışarı çıktığında kapının önünde siyah bir Mercedes araba duruyordu. Arka kapı yavaşça açıldı. İçeriden bir ses, "Gelin, gelin. Arabaya binin Zafer Bey," dedi.

Zafer, açılan kapıdan başını içeriye uzattığında falcı Fazilet'le göz göze geldi. Falcı Fazilet gülümseyerek parmağıyla yanında boş olan yeri işaret ederek, "Gelin şöyle yanıma oturun," dedi.

Arabaya geçip oturdu Zafer. O esnada taksi şoförünün sesi duyuldu: "Tamam mıyız efendim?" diye sordu falcıya. Falcı Fazilet eli ile önünde oturan şoförün koltuğuna arkadan vurarak, "Tamamız, devam et oğlum," dedi.

Zafer ve falcı Fazilet yol boyunca havadan sudan konuşup durdular. Mercedes araba bir kapının önüne gelip durduğunda, "Geldik," dedi şoför.

Arabadan indiğinde Zafer, son model lüks arabaların boncuk gibi birbirinin ardı arkasına sıralandığını gördü. Şaşkınlıktan ağzı bir karış açık kalmıştı. Falcı kadına bakıp, "Neresi burası?" diye sordu.

"Birazdan görürsünüz neresi olduğunu," dedi falcı gülerek.

Kapının önünde bekleyen görevli adam yanlarına doğru koştu. "Hoş geldin abla."

Elini adamın dudağından çekerken, "Berhudar ol oğlum. El öpenlerin çok olsun. Hoş bulduk," dedi Fazilet.

Daha sonra adam bir adım önden giderek, "Şöyle buyurun," dedi.

Zafer, olup bitenleri anlayamıyordu. Normal bir restorana gelmedikleri belliydi. Meraklı gözlerle çevresine bakındı. Kapı açılıp içeri girdiğinde şaşkınlıktan küçük dilini yutacak gibi oldu. Onlarca kadın ve erkek ışıklandırılmış bir havuzun başında toplanmıştı. Erkeklerin kimisi sakallı, kimisi sarıklıydı. Kadınların çoğu ise tesettürlüydü. Falcı Fazilet topluluğa doğru ilerlerken, Zafer'e baktı. "Sakın yanımdan ayrılmayın. Bu akşam sizi çok önemli bir insanla tanıştıracağım. Nereye geldiğimizi birazdan anlayacaksın," dedi.

Zafer kendisine söyleneni harfi harfine yaptı. Hiç sesini çıkarmadı. Sadece meraklı gözlerle çevresinde olup bitenleri anlamaya çalıştı. Falcı Fazilet topluluğun içinden geçip giderken herkesi başıyla selamladı. Uzun beyaz sakallı, sarıklı ve yaşlı bir adamın önüne geldiğinde, "Selâmünaleyküm," diyerek durdu.

"Ve aleykümselâm. Nasılsınız Fazilet Bacı?" diye sordu adam.

"Elhamdülillâh sağlığımız, sıhhatimiz yerindedir. Sizi birisiyle tanıştırmak istiyorum Şeyh Hazretleri."

"Yanınızda duran genç beyle mi?"

"Evet," dedi. "İstanbul'dan Doçent Doktor Zafer Bey."

"Maşallah, maşallah," dedi adam. "Buraya kadar zahmet edip getirdiğinize göre inanç sahibi biri olsa gerek beyefendi."

Falcı Fazilet şaşkınlıktan duraksadı. "Hiç inanç sahibi biri olmasa getirir miydim," dedi.

Adamın yüzünde hafif bir gülümseme belirdi. Elini Zafer'e doğru uzattı. "Ben Şeyh Kâzım. Allah'ın selamı üzerinize olsun. Dergâha hoş geldiniz." Şeyh Kâzım daha sonra yanında duran adamın kulağına mırıldandı: "Ne duruyorsunuz artık? Törene başlayın."

ZİKİR

"Hadi," dedi Fazilet. "Bu sizin için büyük bir gün. Erkekleri takip edin."

"Ya siz?" dedi Zafer heyecanlı bir sesle.

"Sadece erkekler," dedi ciddi bir ses tonuyla falcı. "Dışarı çıktığınızda sizi burada bekliyor olacağım."

"Peki," dedi Zafer ve dışarıda kalan son adamın arkasından içeri girdi. Karanlıkta neredeyse göz gözü görmüyordu. Nerede ve nasıl duracağı hakkında en küçük bir fikri bile yoktu. Bir köşeye çekildi ve sessizce oturdu. Heyecandan neredeyse ölecek gibiydi. Bir süre sonra içeride yüksek yankılanan şahadet sesi, yapılacak olan zikir töreninin ilk işaretini verdi. İçeride bulunan kalabalık topluluk zikri yaptıracak adamın arkasından getirilen şahadeti yüksek sesle üç kez tekrarladı.

O anda içinde bulunduğu mistik ortam, Zafer'in tüylerini diken diken etmişti. Kendisini gerçek anlamda ilk kez Allah'a bu kadar yakın hissettiğini düşündü. Gözleri yaşardı. Bedeni titredi. İlk kez böyle bir ortamda bulunduğu için önce yapılanlara bir anlam veremedi. "Eğer," dedi kendi kendine, "Böyle bir ortama önceden geleceğimi bilseydim, bir şekilde bilgi sahibi olurdum."

Zikir törenine katılanlar yere bağdaş kurmuşlardı. Dikkat çeken bir diğer özellik ise aşırı coşku, kendinden geçme ya da kendini kaybetme, yani vecd ya da cezbe hali yoktu. Zikir boyunca görülen baş ve vücut hareketleri bakımından bir çeşitlilik söz konusuydu.

Zikir, zikri yaptıranın okuduğu dua ile sona erdi. Duadan sonra herkes Fatiha okurken ışıklar yandı.

İnsanlar oturduğu yerde öylece kalakalmışlardı. Göldeki duru su gibiydiler. Hepsinin gözleri bir noktaya bakıyordu. Birkaç dakika geçmemişti ki, zikri yaptıran müridin sesi içeride yankılandı: "Nefsimizi alt ettik, ruhumuzu sevindirdik!"

KUTSAL TOPRAKLAR

Zafer, İstanbul'a bir gün sonra allak bullak olmuş bir halde döndü. Zikir töreninin yapıldığı akşam ne başka birisiyle ne de falcı Fazilet ile tek bir kelime bile konuşmadı. Düşünceleri altüst olmuştu. Bir gün evvel yaşadıkları bir film karesi gibi devamlı gözünün önünde belirip duruyordu. Evde bir başınaydı. Akşam namazını kıldıktan sonra bahçeye çıktı. Ihlamur ağacının altında duran sandalyeye oturdu. Başını kaldırıp gökyüzüne baktı. O akşam gökyüzü açıktı. Yıldızlar birer fener gibi ışık saçıyordu. O anda bir şeyi fark etti. Yıllardır hep apartman dairesinde oturdukları için gökyüzünü hiç bu kadar açık göremediğini.

Gözlerini bir an için bile olsa gökyüzündeki yıldızlardan alamıyordu. "Ne kadar çok yıldız var," diye düşündü. Derin bir nefes aldı. "Çok şükür sana Allah'ım," dedi kendi kendine. "Senden korkmayan kâfirdir."

Daha sonra duvardan bahçeye atlayan kedi dikkatini çekti. Kedi miyavlayarak yanına kadar sokuldu. Belli ki evcimen bir kediydi. "Dur bakayım," dedi kediye. "Sana biraz süt getireyim." Oturduğu yerden kalkıp mutfağa giderken kedi de arkasından geliyordu. Buzdolabını açtı. İçinden bir kutu süt çıkardı. Sütü bir küçük kaba döktü. Tam o sırada dışarı bahçeye çıkıyordu ki, telefon çaldı. Elinde tuttuğu süt kabıyla birlikte telefonun olduğu odaya koşar adım gitti.

"Alo," dedi.

"Hayırlı akşamlar."

Arayanın kim olduğunu hemen anladı Zafer.

"Size de hayırlı akşamlar."

"Merak ettim, nasıl geçti yolculuğunuz?"

"Çok şükür bir sıkıntı olmadı. Sağ salim geldim. Siz nasılsınız Fazilet Hanım?"

"Allah'a şükür gayet iyiyim. Asıl siz nasılsınız? O akşam hiç konuşamadık."

Kapının önünde duran kedinin önüne süt dolu kabı bıraktı ve tekrar ıhlamur ağacının altındaki sandalyeye oturdu. "Doğrusunu söylemek gerekirse bilmiyorum. Kafam çok karışık. O akşam beni oraya neden götürdüğünüze doğrusu anlam veremedim."

Falcı Fazilet kısa bir an düşündükten sonra, "İnancı tam olan birisiniz. Gerçek Müslümanlarla tanışmanızı ve onlarla aynı ortamda olmanızı istedim," dedi.

"Ama bayağı bir yabancılık çektim."

"Yerden göğe kadar haklısınız. Ama unutmayın ki zikir, kalbin fırçasıdır. Kalpten her şeyi süpürür ve onu temiz kılar. Aksi takdirde şeytan kalbe hâkim olur."

"Peki, şimdi n'olacak?" diye sordu Zafer.

Falcı Fazilet kendisine sorulan bu soruyu hiç düşünmeden hemen yanıtladı. "Benim söylediklerimi yapıp, Allah'ın yolundan gidebilirsiniz. Aslında bu akşam onun için aradım sizi. Haftaya Umre'ye gideceğiz. Giderken de evliyaların olduğu birçok yeri ziyaret edeceğiz. Bizimle gelmenizi istiyorum."

Zafer kendisine yapılan teklif karşısında şaşırdı. "Demek Umre ha. Bilmem ki, size ne cevap versem."

"Oraları görmenin zaman geldi artık sizin için. Hem de biraz baş başa kalırız. Birbirimizi daha iyi tanıyacağımıza eminim. Bu bizim için bir fırsat olabilir. Koskoca iki haftamız var önümüzde. Hem siz de benim gibi aslında yapayalnızsınız. Haksız mıyım Zafer Efendi?"

Zafer her zamanki gibi yine ne diyeceğini şaşırdı. Bir şey söyleyemedi. Yüreğinde bir heyecan hissetti. "Ne tuhaf?" dedi kendi kendine. "Çok uzun zamandır hiç böyle bir şey hissetmemiştim. Yoksa yine günah mı işliyorum?" diye düşündü.

Günah fikri aklına gelince hemen daldığı düşüncelerden uzaklaştı. O sırada "Alo, alo," dedi falcı Fazilet.

"Buradayım," dedi Zafer.

"Özür dilerim," dedi Fazilet.

"Nedenmiş o?"

"Galiba saçmaladım. Kusura bakmayın. Ama size karşı bir şeyler hissediyorum. İnanın ki elimde değil. Kendimi frenlemeye çalışıyorum ama beceremiyorum. Bazen size karşı nasıl davranacağımı bile bilmiyorum. Duygularım genç bir kızın duyguları gibi. Bu yaşta bu duyguları yaşayacağım hiç aklıma gelmezdi. Kendime son derece şaşırıyorum."

Zafer sustu. "Bilmem ki," dedi. "Ben de bazen aynı duyguları sizin için hissediyorum."

O anda Zafer konuşmasını bıçak keser gibi kesti. "Galiba saçmaladım. Kusura bakmayın."

Falcı Fazilet de hak verdi Zafer'e. "Asıl siz kusura bakmayın. Galiba ilk önce saçmalayan bendim."

"Neyse," dedi Zafer. "Aslında ben de çok isterim gelmeyi ama..."

"Eee," dedi falcı Fazilet. "Yoksa karınızdan mı korkuyorsunuz?"

"Yok canım. Karımdan niye korkayım," dedi Zafer ve kısa bir süre düşündü. "Tamam," dedi. "Haftaya sizinle geliyorum." "Güzel," dedi gülerek falcı. "Sizden son bir ricam var."

"Neymiş o?"

"Diyorum ki artık aramızda sizli bizli konuşmayı kaldırsak. Nasıl olur?"

Zafer güldü. "Tabii, benim için bir sakınca yok."

"İstanbul'dan bizimle gelecek olan bayağı bir insan var," dedi daha sonra falcı Fazilet. "Pasaportunu hazırla. Sana bir adam göndereceğim vize işlemleri için. Sonra tekrar ararım. Şimdilik iyi geceler," dedi ve telefonu kapattı.

Bu arada kedi sütünü içmiş, Zafer'in karşısına geçmiş miyavlıyordu. Elini kediye doğru uzattı. "Gel pisi pisi," dedi. Kedi ürkek davranarak kendisini geriye doğru attı. "Gel pisi pisi, korkma." Kedi bir adım ileri doğru geldi. Bir adım daha atmıştı ki çalan telefonun sesinden ürkerek, geldiği yöne doğru koşarak gözden kayboldu. "Hay Allah," dedi kendi kendine Zafer. Telefonu açtı. "Alo."

"Neredesin? Dünden beri arıyorum seni cevap vermiyorsun. Öldün mü kaldın mı?"

"Buradayım, n'olmuş?"

"Nasıl n'olmuş?" dedi Zehra. "Bir şeyin olması mı gerekiyor? Merak ettim."

O akşam gerçeği çok söylemek istemesine rağmen söyleyemedi Zafer. Bir yalan uydurdu.

"Annemlerdeydim."

"Doğrusu aklıma gelmedi desem yalan olur," dedi Zehra. "Dün akşamdan beri uyuyamıyorum. Sinirlerim bozuk."

"N'oldu? Çocuklar yaramazlık mı yapıyor?"

"Hayır. Tahmin et? Burada kimi görsem iyi?"

"Bilmem."

"Nigar'ı."

"İnanmıyorum."

"İnan, inan. Ben de ilk gördüğümde inanmadım."

"Nasıllarmış?"

"Nasıl olsunlar. Sercan yurtdışına kaçmış geçen hafta."

"Ne?"

"Yanlış duymadın. Sercan yurtdışına kaçmış."

"Neden?"

"Neden olacak? Ortağı yüzünden. Bir kısım borcunu daha sonra ortağına ödememiş. O şerefsiz ortağı da kayboldu denen defteri yıllar sonra mahkemeye delil olarak sunmuş. Şimdi polisler her tarafta onu arıyor."

Zafer şaşkına döndü. "Ama nasıl olur? Fazilet Hanım hani ne demişti?"

"Dünden beri ben de seni o yüzden arıyorum. N'olur Zafer? O kadından uzak dur. Hislerime güven. Doğru bir kadın değil o! Nigar'la konuştum. Bizim hakkımızda bütün bilgileri önceden Sercan'ın ağzından almış. O nedenle biz gittiğimizde her şeyi pat pat yüzümüze söyledi."

Zafer duyduklarına inanmak istemedi. Şaşkınlığı git gide artmaya başlamıştı. "Neden yapsın ki bunu bize?"

"Ah benim saftirik kocam. Daha n'olsun? Bizden daha iyi yontulacak kaz mı var?"

"İnanmam. Yaşadığı yeri görmedin mi?"

"Nerede yaşadığı beni ilgilendirmez. Bildiğim tek bir şey var. O da bu kadından uzak durmamız gerektiği. Bir daha o kadına gitmeni istemiyorum. İstediği o külçe altını da ölsem göndermem o üçkâğıtçı kadına."

131

Ne diyeceğini bilemedi Zafer. O anda gerçeği söylemediği için Allah'a şükretti. İçinden derin bir ohh çekti. "Demek öyle düşünüyorsun?"

"Evet. Ne yazık ki öyle düşünüyorum. O kadını daha görür görmez ısınamamıştım. Haftaya geliyoruz. Bizi havaalanında mutlaka karşıla. Bizi özledin mi?"

"Hayır," dedi şaşkınlıkla Zafer.

"Ne demek hayır," dedi Zehra. "Hiç özlemedin mi?"

Kırdığı potu çok geçmeden anlamıştı Zafer. "Hayır," dedi tekrar. "Öyle söylemek istememiştim. Haftaya bir grup arkadaşla Umre'ye gidiyorum."

Umre lafı bir balyoz gibi indi Zehra'nın kafasına. Duyduklarına inanamadı ya da inanmak istemedi o an için. Tekrar sordu.

"Nereye gidiyorsun?"

"Umre'ye."

"Nereden çıktı bu gitme fikri?"

"Bir yerden çıkmadı. Arkadaşlar gidiyordu, ben de gideyim dedim."

"Kim bu arkadaşlar?"

Az önce konuşulanlardan sonra Zafer, artık doğruyu hiç söyleyemeyeceğini iyice anlamıştı. "Tanımazsın."

İçine bir şüphe düşmüştü Zehra'nın. Sıkkın olan canı iyice sıkılmıştı. "Umarım bu işte falcı karının parmağı yoktur." Daha sonra iyi geceler bile demeden telefonu Zafer'in suratına kapattı.

O akşamdan sonra ikisi de bir daha hiç birbirleriyle konuşmadılar. O nedenle tatilin son bir haftası Zehra için tam anlamıyla zehir zıkkım olmuştu. Tatili yarıda kesip çoktan eve dönmek istemiş ama çocuklar yüzünden dönememişti.

Bir hafta sonra uçakla İstanbul'a döndüklerinde Barış, valizini kaptığı gibi havaalanından dışarı çıktı. Etrafa bakındı. Gözleri babasını aradı. Ama göremedi. O sırada Zehra ve Bilge de dışarı çıkmıştı.

"Niye öyle etrafına bakınıyorsun? Ne var oğlum?" diye sordu Zehra.'

"Babama bakınıyorum ama göremiyorum anne. Bizi karşılamaya gelmeyecek miydi?"

"Bilmem," dedi etrafına bakınırken Zehra. "Döneceğimiz günü ve saati biliyordu. Sonuçta kendisi ayarladı bu tatili. Normalde bizi karşılaması gerekirdi."

"Belki trafiğe takılmıştır. Biraz bekleyelim," dedi Bilge.

Bir süre beklemeye koyuldular. Daha sonra kolundaki saate baktı Bilge.

"Daha ne kadar bekleyeceğiz anne? Babam yok işte."

"Tamam," dedi Zehra sinirli bir şekilde. "Allah canımı alsa da kurtulsam sizden. Bıktım bu adamın sorumsuzluklarından artık. Boş yere beklemeyelim. Hadi ayaklanın. Bir taksiye atlayıp gidelim."

Bir taksiye atladıkları gibi eve geldiler. Barış bahçenin üst kapısından içeri girerken, Zehra ve Bilge garaj kapısından içeri girdiler. Evde ilk bakışta kimsecikler görünmüyordu. Barış orta katının ziline bastı. Fakat kapıyı açan olmadı. Merdivenlerden bahçe katının kapısına doğru inerken annesine bağırdı: "Babam evde yok galiba."

Elindeki valizleri yere bırakırken söylenmeye başladı Zehra: "Şimdi gel de anahtarı bul. Kim bilir çantanın neresine soktum!"

Elini çantasına sokup karıştırmaya başladı. Çantanın içindekileri bir sağa bir sola çekiyordu ama anahtarı bulamıyordu. "Hay Allah," dedi. "Çanta çanta değil ki. İçinde ne ararsan var."

"Anne," dedi Bilge.

"Yine ne var kızım?" dedi kızgınlıkla.

133

"Babam gitmiş."

"Nereye?"

"Umre'ye."

"Nereden çıkardın?"

"Baksana bir not yazıp asmış kapıya."

O anda çılgına döndü Zehra. Elini çantanın içinden çıkardı. "Ver bakayım o notu," dedi kızına.

Notta şöyle yazıyordu: "Dün sabah Umre'ye gitmek için yola çıktım. İki haftaya kadar inşallah döneceğim. Hakkınızı helâl edin, Zafer."

YABANCILAŞMA

İki hafta sonra bir akşam üstü...

Hava oldukça sıcaktı. Deyim yerindeyse yaprak kıpırdamıyordu. Akşamın sessizliğini cırcır böceğinin çıkardığı yırtıcı ses bölüp duruyordu. Zehra bahçede kurulu olan hamağa uzanmış, John Steinbeck'in Gazap Üzümleri adlı kitabını bir taraftan okurken diğer taraftan ise hafif hafif sallanıyordu.

Gökyüzü gece mavisine çalmıştı. Ihlamur ağacının yapraklarının arasından yıldızlara baktı. Bir yıldız Zehra'nın dikkatini çekti. Hamağı durdurmak için sağ ayağını yere bastı. Gördüğü yıldızdan gözünü bir türlü alamıyordu. "Aa! Ne garip?" dedi kendi kendine. "O kadar yıldız bir arada iken o bir başına yalnız." Kendisi ile parlayan yıldız arasında garip bir bağ kurmuştu. "Demek ki," dedi. "Sen de benim gibi yapayalnızsın."

Uzandığı yerde vücudunu bir sağa bir sola itti. Daha sonra ayağını yerden çekti. Hamak yine hafif hafif sallanmaya başladı. Gördüğü yıldız yaprakların arasında bir görünüyor bir kayboluyordu. Hamağı tekrar durdurdu. Elindeki kitabın kapağını kapatıp yere koydu. Bir sigara yaktı. Tekrar sallanmaya başladı. İçtiği sigaranın yarısına gelmişti ki, bahçe kapısının açıldığını duydu. Ani bir hareketle hamağı durdurdu. Uzandığı yerden tam doğrulup kapıya doğru bakacaktı ki, Zafer'in sesini işitti: "Buyur içeri gir."

Uzandığı yerden ayağa kalktı Zehra. Heyecandan elindeki sigarayı yere attı. Kapıya doğru daha dikkatlice baktı. Karanlıktan hiç kimseyi göremiyordu. Zafer'i sesinden tanımıştı tanımasına ama yanındakini çıkaramadı. Nedense içini anlamsız bir heyecan kapladı. Şaşkınlıkla, "Kim o?" diye sordu.

"Benim, Zafer."

"Demek beyefendi nihayet dönebildi," dedi yüksek ve kızgın bir sesle.

Zafer sesini hiç çıkarmadı. "Dikkatli yürüyün," dedi yanındaki kadına. "Karanlıkta düşmeyin."

Geldikleri yöne doğru birkaç adım ileri gitti Zehra. Gördüğü kişi karşısında hayretler içerisinde şaşıp kaldı. Gördüğü şey Falcı Fazilet'ten başkası değildi. Titremeye başladı. "İnanmıyorum," dedi. "Demek siz ha!"

Falcı Fazilet karanlıktan çıkıp lamba ışığının düştüğü yere gelince, "Selâmünaleyküm," dedi hiçbir şey olmamışçasına.

Fazilet'in bu pişkin tavrı karşısında sinirden ne söyleyeceğini şaşırdı Zehra, tizleşmiş sesiyle "Aleykümselâm," dedi.

"Bu akşam Tanrı misafiri olarak geldim. Yarın Kıbrıs'a döneceğim. Umarım Tanrı misafirini geri çevirmezsiniz," dedi.

O anda öyle bir yerden işi bağladı ki Fazilet, Zehra'ya çok fazla bir söz hakkı tanımadı. "Evimize gelen tanrı misafirini geri çevirmek bize yakışmaz, içeri buyurun," dedi.

136

Fazilet eve doğru önden yürümeye devam ederken, Zafer'le o anda göz göze geldi Zehra. "Bu halin de ne böyle?"

"Ne olmuş, ne var halimde?"

"Şen farkında değilsin galiba. Araplara dönmüşsün. Saç sakal birbirine karışmış."

"Olacak o kadar," dedi Zafer. "Uzun yoldan geliyoruz. Mübarek yerleri gezmekten kesmeye fırsat olmadı."

"Keşke hangi gün gideceğini önceden haber verseydin," dedi sesini alçaltarak Zehra. "Çocuklarla havaalanında boşu boşuna bekleyip durduk seni."

"Of," dedi Zafer fısıltıyla. "Gerçekten çok yorgunuz. Şimdi bu gereksiz şeyleri konuşmasak olmuyor mu?"

"İşine mi gelmedi konuşmak?"

"Ne alâkası var? Sadece biraz yorgunuz. Bir duş alıp yatmak istiyorum."

"Peki, öyle olsun Zafer Efendi," dedi Zehra. "Üçümüz yarın birlikte konuşuruz. Hatta onun da olması iyi oldu. Konuşacaklarım onu da ilgilendiriyor."

Fazilet önden ağır ağır giderken hiç sesini çıkarmadı. Fısıltıları duymazlıktan geldi. Arkasını döndü, "Ne güzel bir eve taşınmışsınız. Hayırlı olsun," dedi Zehra'ya.

"Allah razı olsun sizden," dedi alaycı bir tavırla Zehra. "Sizin sayenizde taşındık. Bize kalsaydı hâlâ o enerjisi olmayan apartman dairesinde oturuyor olacaktık."

Fazilet, Zehra'nın bir barut fıçısı gibi patlamaya hazır olduğunu anlamıştı. "Sağ olun," dedi lafı çok fazla uzatmadan. Arkasından ekledi: "Müsaadenizle ben yatmak için izninizi istiyorum. Yolculuk beni biraz hırpaladı."

"Daha erken bir vakit değil mi?" dedi Zehra manalı bir şekilde. "Biraz oturup iki çift lafın belini kırsaydık. Mesela size daha önce kocası Sercan'la birlikte gelen arkadaşım Nigar'ın şu anda başına gelenleri konuşabilirdik."

137

Sercan ismini duyunca Falcı Fazilet'in yüzü kireç gibi oldu. Çok fazla bozuntuya vermemeye çalıştı. "Ne söylediğinizi ve kimden bahsettiğinizi vallahi anlayamadım. Çok yorgunum. İsterseniz yarın bütün bunları konuşabiliriz. Bana bir yatak gösterirseniz oracıkta kıvrılıp yatmak istiyorum."

"Peki, öyle olsun," dedi Zehra. "İyice bir dinlenin. Ben size yarın anlatacağım kim olduklarını."

O akşam Zafer ve Fazilet geldikleri gibi bir duş alıp uyudular. Zehra ise sabaha kadar uyuyamadı. İçi içini kemirip durdu. Kimi zaman derin düşüncelere daldı, kimi zaman falcı Fazilet'ten kurtulmak için Allah'a dua etti. Uykusuzluğa daha fazla dayanamadı ve sabahın ilk ışıkları ile birlikte, salonda üzerine uzandığı koltukta gözleri kapandı.

Zehra ertesi gün öğleye doğru çocukların sesine uyandı. Bilge yanı başında duruyordu. Gözlerini ovuşturmaya, yattığı yerde esneyip gerilmeye başladı. "Saat kaç?" diye sordu Bilge'ye.

"On biri on geçiyor."

"Siz ne zaman döndünüz anneannenizden?"

"Az önce. Dayım geçerken bıraktı. Babamın dün akşam döndüğünü söylememiş miydin anne? Babam nerede?"

"Bilmem. Hâlâ uyuyor olmalılar kızım. Nereye gidecek?"

"Hiç sanmıyorum uyuduklarını anne. Galiba gitmiş."

"Ne? Gitmiş mi? Nasıl olur?"

Uzandığı yerden ayağa fırladı Zehra. Bir üst kata koştu. Fazilet'in kaldığı misafir odasına baktı. Oda gerçekten de boştu. Karşıdaki yatak odasına girdi. Yatak odası da boştu. Sonra aklına havaalanı geldi. "Tamam," dedi kendi kendine mırıldanarak. "Kadını yolcu etmek için havaalanına gitmiş olmalı mutlaka." O sırada tam odadan çıkmak üzereydi ki gözüne dağınık bir halde yatağın üzerine bırakılmış nota gözü takıldı. "Fazilet Hanım'ı evine götürmek için Kıbrıs'a gidiyorum. İki güne kadar döneceğim."

Notu okuduktan sonra Zehra çılgına dönmüştü.

Koşarak aşağı indi. Çekmeceleri karıştırdı. Bir defter buldu. Defteri karıştırmaya başladı. Daha sonra telefonun ahizesini eline aldığı gibi numarayı çevirmeye başladı.

Karşısına sesli yanıt sistemi çıktı. "Türk Hava Yolları'na hoş geldiniz. Hatlarımız doludur. Birazdan size yanıt verilecektir."

"Hadi Allah'ın cezası," diye söylendi Zehra. "Hadi, cevap verin." Birkaç dakika sonra bir kadın sesi duydu. "Ben Pınar. Nasıl yardımcı olabilirim?"

"Hele şükür," dedi.

"Pardon, anlamadım," dedi kız.

"Boş verin ne söylediğimi. Kıbrıs'a bu akşam için yeriniz var mı?"

"Bir dakika bekler misiniz?"

Birkaç saniye sonra görevli kız, "Maalesef yok efendim," dedi.

"Allah kahretsin," dedi içinden Zehra. "En yakın ne zaman var?"

"Bir saniye bekler misiniz?" dedi tekrar kız. "Yarın akşam saat sekiz kırk beşte."

"Yarın sabah yok mu?"

"Sabah uçuşumuz da maalesef dolu."

"Peki, o zaman yarın akşama tek kişilik bir yer ayırtmak istiyorum."

Ertesi günün akşamı hiç zaman kaybetmeden Kıbrıs'a uçtu. Zafer'in nerede ve kiminle olduğunu tahmin etmekte hiç zorluk çekmedi. Bir taksiye bindiği gibi doğru falcı Fazilet'in evinin yolunu tuttu. Saat epeyce ilerlemişti. Neredeyse gece yarısı olmuştu. Taksiden inerken, "Bir dakika beni bekler misiniz?" dedi. "Belki sizinle şehre tekrar geri dönebilirim."

Şoför başını salladıktan sonra kontağı kapattı. Birkaç kez üst üste kapı ziline bastı. İçeriden bir ses duydu: "Kim o?"

"Pardon," dedi Zehra. "Kapıyı açar mısınız? İstanbul'dan geliyorum. Kocam burada galiba."

Adam, kapıyı yavaş yavaş açarken, "Kocanız da kim?" diye sordu.

"Doktor Zafer Bey. Burada olması gerekiyor."

"Siz karısı mısınız?"

"Evet."

"İçeride, hanımefendiyle birlikte."

"Girebilir miyim?"

"Bilmem ki," dedi şaşkınlıkla adam. "Eee girin o zaman."

"Sağ olun," dedi adama ve şoföre dönerek parayı uzattı. "Beklemenize gerek kalmadı. Artık gidebilirsiniz."

Bahçeden geçip dar ara yoldan yürüdükten sonra avluya çıktılar. Birkaç insan gecenin bir vakti avluda oturuyordu. Bir anda karşısında Zehra'yı görünçe, Zafer ne yapacağını şaşırdı. Oturduğu yerden ayağa fırladı. "Ne işin var senin burada?" diye sordu.

"Ne oldu? Beni gördüğüne pek sevinmedin galiba," dedi Zehra kaşlarını çatarak.

"Delirdin mi sen? Kadın başına bu saatte buralarda ne işin var? Sana gelmeni kim söyledi?"

"Kafana göre çekip gitmesen ben de burada olmazdım. Benim daha fazla tepemin tasını attırma."

Zehra o kadar çok kızmıştı ki Zafer'e, neredeyse burnundan soluyordu. Kavga etmelerine ramak kalmıştı. Oturduğu yerde durumu sezen falcı Fazilet ayağa kalktı. "Hele gel bir otur Zehra Bacı. Azıcık da olsa bir dinlen."

Daha sonra evde çalışan kadına seslendi: "Zehra Bacı'ya bir kahve yap. Şekeri orta olsun."

"Hayır," dedi Zehra. "İçmek istemiyorum. Zaten son günlerde sayenizde uykuya hasret kaldım."

Hizmetçi kadın ne yapacağını şaşırdı. Öylece kalakaldı. Hizmetçiye bir göz kırptı Fazilet. "Daha ne duruyorsun? Koş bakayım. Benim o özel kahvemden yap. Ondan içsin."

Hizmetçi, "Emredersiniz hanımefendi," diyerek mutfağa koştu. "Hiç merak etme," dedi Fazilet. "Benim evim insana huzûr verir. Arkada bir odam var. Ama kimse orada yatmaya cesaret edemiyor. O odada cinlerim yaşıyor. Geç bir saat oldu. Korkmazsan seni bu akşam orada yatıracağım. Bak nasıl mışıl mışıl uyuyacaksın."

Sinirinden güldü Zehra. "Saçmalamayın," dedi. "Cine mine inanmam ben. Yok daha neler?"

"Kahveniz," dedi hizmetçi kadın.

"Teşekkür ederim," dedi Zehra kendisine uzatılan kahveyi alırken.

Kahvesinden bir yudum aldıktan sonra, "Demek cininiz var! Kaç tane olduğunu biliyor musunuz?" diye alaycı bir tavırla sordu.

"Çok merak ettiyseniz bu gece kendiniz sayarsınız," dedi falcı Fazilet aynı alaycı bir tavırla.

"Bu gece burada kalmaya hiç niyetim yok. Bir de doğruyu söylemek gerekirse cinleriniz beni hiç mi hiç ilgilendirmiyor."

"Olur mu öyle şey. Sizi hayatta bırakmam. Bu gece benim misafirim olacaksınız. Zaten birazdan dergâhımın huzuru sizin üstünüze çökecek. Şimdiye kadar o odada kimse kalmaya cesaret edemedi."

"Kocamı da böyle mi kandırdınız? Sizinle tanıştığımız günden beri kocamı tanıyamıyorum. Bize karşı çok değişti," dedi Zehra kahvesinden son yudumu alıp fincanı tabağa koyarken.

Ortam iyice gerilmişti. Herkes birbirinin yüzüne bakıp fısıldamaya başladı. "Sen galiba çok yorgunsun. Ne dediğini bilmiyorsun!" dedi Zafer.

"Ne dediğimi senden öğrenecek halim yok. Söylediklerim yalan değil," dedi ve esnemeye başladı Zehra. Konuştukça esniyor, esnedikçe konuşmaya çalışıyordu.

"Bak," dedi Zafer. "Beni dinle. Uykusuzluktan saçmalayıp duruyorsun karşımda. Esnemekten konuşamıyorsun bile. Hadi git uyu."

Ağzını kapatmak için tekrar elini ağzına götürürken, "Allah Allah," dedi Zehra. "Ne oldu bana?"

"Ben size söylememiş miydim," dedi falcı Fazilet. "Bu dergâhı birazcık da olsa ciddiye alın. Sizi yatacağınız yere kadar götüreyim."

Zehra ayakta zor duruyordu. Küçük bir odaya geldiklerinde içeride bir tane yer yatağından başka hiçbir şey yoktu. Üstünü başını bile çıkarmadan uzandığı gibi sızıp kaldı Zehra. Falcı Fazilet onu odada öylece bıraktıktan sonra avluya döndü.

Zafer, Fazilet'i görür görmez, "Nasıl? Uyudu mu?" diye sordu.

"Merak etme," dedi gülerek falcı Fazilet. "Sabaha kadar mışıl mışıl uyuyacak. Cinlerim onu epey bir vakit uyandırmaz."

"Ama," dedi sinsi sinsi falcı Fazilet.

"Ama ne?" dedi Zafer.

"Vallahi günahı senin boynuna. Söylemedi deme. Ama bu kadın sana göre değil. Bu kadını boşa gitsin."

"Ne?" dedi şaşkınlıkla Zafer.

"Anlamazlığa gelme. Ne dediğimi duydun. Bu kadının yaşam tarzı sana göre değil. Allah'a inancı olmayan biri. O, bizden biri değil. Bu gerçeği görmemek için kör olmak gerek."

Zafer sustu. Oturduğu yerden kalktı. "Bana müsaade," dedi.

"Peki," dedi falcı Fazilet. "Sen git odana. Ben de millet uyusun birazdan geliyorum."

Yarım saat sonra falcı Fazilet avluya çıktı. Etrafına bakındı. Evdeki herkes uyumuştu. Sessizce Zafer'in kaldığı odaya gitti. Kapıyı açtı. "Kim o?" dedi heyecanla Zafer.

"Benim," dedi kısık bir sesle falcı Fazilet. "Sus, sesini çıkarma."

Zafer uzandığı yerden hafifçe doğruldu. Falcı Fazilet hemen yanına yattı. İkisinin de kalbi heyecandan yerinden çıkacak gibiydi.

"Elini kalbimin üstüne koysana. Bak nasıl hızlı hızlı atıyor."

Zafer elini göğsüne koydu Fazilet'in.

Fazilet'in heyecanı bu sefer Zafer'i de sarmıştı.

"Hadi seviş benimle," dedi Fazilet. "Çok uzun zaman oldu sevişmeyeli. Bu acıma bir an önce son ver. Artık dayanamıyorum."

Bu sözler Zafer'i adeta kızgın bir boğaya çevirmişti. Hiçbir kadına uzun zamandır böyle bir istek duymamıştı. O anda Zehra aklına geldi. Fazilet'in o andaki isteği gibi hiçbir zaman sekse karşı istekli olmadığını düşündü. Ve var gücüyle Fazilet'in üstüne yüklendi.

Bir vakit sonra bitkin düşmüşlerdi. İkisi de sırtüstü uzanmış tavana bakarken, sadece nefes alışverişleri karanlık odanın içinde yankılanıyordu.

"Nasıldı?" dedi Zafer.

Fazilet o anda ağlamaya başladı.

Zafer uzandığı yerden doğruldu. "Neyin var? Pişman mı oldun?"

"Hayır," dedi Fazilet. "Mutluluktan ağlıyorum. İyi ki seninle Umre'deyken imam nikâhı yaptık."

"Evet," dedi Zafer. "Bu gerçeği Zehra'ya nasıl söyleyeceğim bilmiyorum."

Zafer'e sarıldı Fazilet. "Şimdilik bilmesine gerek yok. Bu aramızda sır olarak da kalabilir. Nasıl olsa o kadınla uzun süre evli kalacağını sanmıyorum. Seninle resmi olarak evli olmayı ben de istemiyorum zaten."

Zafer hiçbir şey söylemedi.

143

"Hadi," dedi Fazilet. "Dikkatli olmalıyız. Evdekiler de aramızdaki bu ilişkiyi bilmemeli. Ben odama geri döneyim. Nasıl olsa sevişecek çok zamanımız var."

"Haklısın," dedi Zafer.

O gece sabaha kadar deliksiz bir uyku çekti Zehra. Sabah olduğunda avludan gelen seslere uyandı. Bilinci yerindeydi ama gözlerini açacak ve kolunu kıpırdatacak gücü bulamadı kendinde. Üzerinden silindir geçmiş gibiydi. İlk önce parmaklarını hareket ettirmeye çalıştı. Parmakları bu isteğine duyarsız kalmıştı. Daha sonra yastıktan başını kaldırmaya çalıştı ama o da nafile. Başı geriye tekrar yastığın üzerine düştü. O sırada gözlerinden iki damla yaş aktı. "N'oluyor bana böyle Allah'ım? Sen beni buradan bir an önce kurtar," diye yalvarmaya başladı.

Yatakta ne kadar zaman ağladığını bilmeden tekrar uykuya daldı. Gözlerini tekrar açtığında saatin kaç olduğunu bile bilmiyordu artık. O âna kadar ne bir gelen ne giden olmuştu. Avludan gelen sesleri yine duydu. Konuşan o kadar insanın içinden Zafer'in sesini ayırt edebildi. Bağırmaya başladı ama kendi sesini kendisi bile duyamıyordu. "N'olur Zafer! Gel beni kurtar bu yerden."

Tekrar uzandığı yerden kalkmayı denedi. Başını yastıktan sadece birkaç santim yukarı kaldırabildi. "N'oldu bana böyle," diye içinden geçirdi. "Yoksa... Aman Allah'ım cin mi çarptı beni!" dedi ve korkudan titremeye başladı.

Zar zor da olsa açılan göz kapaklarıyla odanın içine baktı. Dikkatini çeken garip bir şey ya da bir şeyler yoktu. O sırada duyduğu bir sesten dolayı içini mutluluk kapladı. Ama bu mutluluğu çok fazla uzun sürmedi. Zafer, "Fazilet," dedi. "Zehra hâlâ uyanmadı mı?"

"Niye? Merak mı ettin?"

"Hiç bu kadar fazla uyumamıştı. Bu kadar uyuması normal mi sence?"

144

"Normal, normal," dedi kahkaha atarak falcı Fazilet. "Çünkü burası normal bir ev değil de ondan. Şimdi yanından geldim. Kraliçeler gibi mışıl mışıl uyuyordu. Merak edecek bir durum yok."

"Ben de bir baksam mı acaba?"

"Bırak, bakma. Uyusun. Kadın ne zamandır uykuya hasret kalmış. Cinlerim onu uyandıracağı zamanı bilir."

"Peki," dedi çaresizce Zafer.

"Hayvan herif," dedi kendi kendine ağlarken Zehra. "Sen o orospu karının lafıyla hareket et. Bir gelip baksan ölür müsün?" Gözyaşları solgun yüzünden durmadan akıyordu. Susuzluktan içinin yandığını hissetti. Dilinin ıslaklığını kurumuş dudağının üzerinde gezdirdi. Yattığı yerde sayıklamaya başladı: "Ne olur? Bir bardak su verin bana, içim yanıyor."

O akşam Fazilet ve Zafer birlikte yine bir zikir törenine gittiler. Gece geç bir vakitte eve döndüklerinde evde çalışan kadına, "Karım hiç uyandı mı?" diye sordu.

Kadın, falcı Fazilet'le kısa bir süre göz göze geldikten sonra, "Evet," dedi. "Uyanır uyamaz sizi sordu. Daha sonra ise bir şeyler yiyip içtikten sonra az önce tekrar uyudu."

Derin bir oh çekti Zafer. "Tamam," dedi. "Size o zaman iyi geceler."

"Hadi," dedi Fazilet. "Bugün çok yoruldun. Git bir an önce uyu. Bak merak edecek bir şey yokmuş. Cinlerim zamanı gelince uyandırmış. Allah sana da rahatlık versin."

Zafer arkasını dönüp yatmak için odasına gittiğinde, Fazilet, evde çalışan kadına, "Gel bir dakika," dedi.

"Ne var, ne oldu abla? Yanlış bir şey mi yaptım?"

"Kadın gerçekten uyandı mı?"

"Hayır," dedi pişkin bir tavırla kadın. "Yalan konuştum. O kadın yarına bile zor kalkar abla. Senin kahveni içenin..."

"Sus," dedi Fazilet sinirden köpürmüş bir halde. "Allah seni kahretmesin e mi sersem karı. O kadın dünden beri hiçbir şey yiyip içmedi mi?"

"Benim suçum ne abla? Ben ne yaptım ki?"

"Elinin körünü yaptın. Ah sersem, ah aptal karı. Karı evimizde ölecekmiş de haberimiz yokmuş. Çabuk benimle gel."

Odanın kapısını açıp içeri girdiklerinde, bir ölü gibi cansız bir. şekilde yatıyordu Zehra. Fazilet iyiden iyiye panik olmuştu. "Kız abla," dedi kadın korku dolu gözlerle. "Bu kadın ölmüş olmasın?"

"Sus, salak karı," dedi Fazilet. "O ne biçim bir söz. Ağzından yeller alıp götürsün."

"Baksana abla. Hiç hareket etmiyor."

Bir an için Fazilet'in içine korku düştü. Zehra'nın iyice yanına sokuldu. Yorgan bir aşağıya bir yukarıya doğru yavaş yavaş inip kalkıyordu. "Merak etme," dedi derin bir oh çekerken Fazilet. "Nefes alıyor. Domuz karı yaşıyor."

Yere çömelip Zehra'nın yanına oturdu. Elini yüzüne götürdü. Pikeden dışarı çıkan elini tuttu. Vücudu buz gibiydi. "Allah senin belanı versin kız," dedi yardımcısı kadına. "Karıyı az kalsın öldürecekmişsin. Çabuk koş su getir."

"Ben ne yaptım abla, sen kendin istemedin mi?"

"Ulan zevzek karı. Ben vur dedimse öldür mü dedim sana? Bana laf yetiştireceğine koş da suyu getir. Karı susuzluktan neredeyse ölecek."

Kadın koştu su getirdi. Sonra elini dudaklarına götürdü Zehra'nın. Dudakları kupkuruydu. Kadın irkildi. "Abla," dedi. "Bu kadın sahiden ölüyormuş. Dudaklarına bir dokunsana. Susuz kalmış toprak gibi yarık yarık olmuş."

Fazilet elini Zehra'nın dudaklarına götürdü. "İnanmıyorum. Karı gerçekten elden gidiyormuş."

146

"Dudaklarını ıslatmak için bir tülbent getireyim mi abla?" diye sordu kadın.

Kadının yüzüne ters ters baktı Fazilet. "Getirip de ne halt yiyeceksin? Suyu dök yüzüne gitsin. Elinle de yüzünü de bir yıka. Biraz da su içirmeye çalış."

Kadın kendisine söyleneni o anda yaptı. Sürahideki suyu olduğu gibi Zehra'nın başından aşağı döktü.

"Tamam," dedi Fazilet. "Yeter artık. Baksana karı domuz gibi uyuyor. Bana mısın demedi."

"Yatak su içinde kaldı abla. Böyle mi bırakalım?" dedi kadın.

"Bırak öyle. Şimdi gecenin bir vakti yatağı kim değiştirecek. Kendine iş çıkarma. Yaz günü serinlemiştir zevzek karı. Hiçbir şey olmaz ona," dedi ve arkasını dönüp odadan dışarı çıktı.

Sabahın ilk ışıkları ile birlikte Zehra gözlerini açtı. Karnı açlıktan gurulduyordu. Tuhaf bir şey hissetti. Elini yatakta gezdirdi. Yatak ıslaktı. Ağlamaya başladı. O sırada dışarıdan bir ses duydu.

"Karım nerede?"

Derin bir oh çekti Zehra. "Hele şükür," dedi. "Aklına nihayet gelebildim eşşoğlu eşeğin."

"Bu saatte ne işiniz var burada?" diye sordu kadın.

"Namaza kalktım. Bana karımın yattığı yeri gösterin."

Kadın ne yapacağını şaşırdı. "Oraya ben giremem," dedi.

"Nedenmiş o?"

"O odadan korkuyorum. Cinler bana saldırır."

"Hadi göster o odayı bana," diye kadına çıkıştı Zafer.

"Ben gösteremem."

"Ne demek ben gösteremem. İçeri girmesen bile dışarıdan göster. Ben içeri girerim."

Kadın çaresiz kalmıştı. Eli mahkûm odayı gösterdi. Zafer odaya girer girmez eliyle ağzını burnunu kapattı. Gözlerinden

yaşlar aktı. Midesi bulandı. Odanın içine yoğun bir şekilde id-
rar kokusu sinmişti, bu yüzden bir saniye bile olsun durulmu-
yordu. Gördüğü manzara karşısında Zafer şok oldu. Bitkin ve
yaşlı gözlerle Zafer'e bakıyordu Zehra. Hemen yanına koştu. "Sa-
na ne oldu böyle?"

"Bilmiyorum," dedi kısık bir sesle ağlarken Zehra. "Bir ölü
gibiyim."

"Bu yatağın hali ne böyle? Altına mı yaptın sen?"

"Bilmiyorum."

Zafer sinirden küplere binmişti. "Çabuk o yataktan dışarı
çık," diyebildi ancak.

"Gücüm yok," dedi Zehra. "Başımı yastıktan kaldıramıyo-
rum. Neredeyse iki gündür ağzıma bir lokma bir şey koymadım.
Ben neredeyim Zafer? Ne biçim kocasın sen? Allah senin bela-
nı versin. Al götür beni buradan. N'olur al götür beni. Sana yal-
varıyorum..."

KAVGA

Kıbrıs dönüşü öğle sonrası...

Barış hamağa uzanmış müzik dinliyordu.

Bilge anneannesi ile havadan sudan koyu bir sohbete dalmıştı. Bahçe kapısının önünde bir taksi durdu. Şoför valizleri indirdikten sonra koştu, bahçenin kapısını açtı. Zehra, Zafer'in omzuna tutunmuş, bitkin ve kendini kaybetmiş bir halde yürümeye çalışıyordu. Zehra'nın annesi Nebahat Hanım oturduğu yerden ayağa sıçradı. Bağırmaya başladı. "Amanın, vay başımıza gelenler. Ne oldu benim kızıma?"

Bilge annesinin yanına koştu. "Neyin var anne, ne oldu sana böyle?"

Bilge'nin ağladığını gören Barış da ağlamaya başladı. Zehra kısık bir sesle, "Kesin ağlamayı. Herhalde bir şeyim yok," dedi.

149

"Herhalde olur mu kızım hiç? Nasıl bir şeyim yok dersin. Böyle bir saçmalığı ne duydum ne de gördüm. Git de aynada kendine bir bak. Ne dediğimi o zaman anlarsın," diye sert çıkıştı annesi. Sonra Zafer'e dönüp, "Bütün bunlar senin yüzünden oluyor," dedi.

Zafer, kayınvalidesinin sözleri karşısında donup kaldı. "Siz ne konuştuğunuzu bilmiyorsunuz! Ben ne yaptım?" diye söylendi.

"Elinin körünü yaptın. Daha ne yapacaksın? Her şeyi biliyorum. Yazıklar olsun sana. Bir de bilim adamı olacaksın. Kıçı kırık bir falcının peşinden gitmesen kızımın başına bütün bunlar gelmezdi. Kendi hayatını mahvettiğin gibi, bu çocukların da hayatını mahvettin."

"Sus," dedi annesine Zehra. "Allah aşkına sus. Kafam kazan gibi zaten. Bir de seni dinlemeyeyim. Ne olur sus."

"Allah böyle kocanın belasını versin. Gül gibi kızıma gör neler yapmış. Tamam kızım susuyorum. Senin hatırın için susuyorum. Doktor ne söyledi?"

"Doktora gitmedik," dedi Zehra.

Annesi bu lafı duyduktan sonra iyice çılgına döndü. "Ne?" dedi. "Doktora gitmediniz mi? Senin boyun devrilsin koca gibi. Utanmadan hastaneye götüreceğine eve getirmiş. Bırak kızımı. Ben götürürüm hastaneye."

Zafer, ne söyleyeceğini bilemedi. Bir çuval dolusu lafı yediği halde sesini çıkarmadı. "Götürelim mi hastaneye abla?" dedi kapıda bekleyen şoför.

"Götürelim oğlum," dedi Nebahat Hanım. "Elin adamı kadar olamadın. Başına taş düşsün senin damat gibi," diye tekrar çıkıştı Zafer'e.

"Ee, yeter artık," dedi Zafer ayağını sert bir şekilde yere vururken. "Allahsızlık yapma. Çocuklarımın yanında benimle böyle konuşamazsın. Sen kim oluyorsun? Karı, benim karım. Ölecekse de Allahsızın karısı burada ölsün. Yeter be, insanı deli etmeyin."

Bir an sessizlik oldu. Kayınvalidesi yüzüne baktı Zafer'in. "Edepsiz herif seni. Sanki kendi doğurmuş gibi de atıp tutuyor. Allah seni ıslah etsin. Sen kafayı yemişsin. Bu kızı sana ezdirmem bunu böyle bil."

"Yeter," dedi ağlayarak Bilge. "Annem ölüyor. Çabuk hastaneye kaldıralım."

Şoförü yanına çağırdı Zafer. "Al şu parayı ve şimdi kaybol. Ben arabamla götüreceğim."

Şoför ortamın gergin olduğunu çoktan anlamıştı. Lafı hiç uzatmadan, "Emrin olur abi. Ben hemen uzayayım buradan," dedi ve arkasını dönüp gitti.

Barış'ı evde bırakıp, hastaneye gittiler. Birkaç saat hastanede kaldı Zehra. Yapılan ilk muayenede herhangi bir bulguya rastlanmadı. Doktorlar, sinirsel bir şeyin olabileceğini, dinlenmesi gerektiğini söylediler. Birkaç güne kadar da hızla kendini toparladı Zehra.

* * *

Kıbrıs'tan döneli neredeyse bir hafta olmuştu. Sıcak bir cumartesi akşamı Zehra evde televizyon izliyordu. Zafer ise bahçede oturmuş yine her zamanki gibi tıp dergilerini karıştırıyordu. O anda telefon çaldı. Zehra uzandığı yerden doğruldu. Başını açık olan pencereden dışarı uzattı. "Telefona bakacak mısın yoksa ben bakayım mı?" diye sordu kırgın bir ses tonuyla Zafer'e.

"Tamam," dedi Zafer. "Telefon yanımda, ben bakarım."

Telefonu açtı. "Alo," dedi. Arayan falcı Fazilet'ti. "Kimmiş arayan?" diye sordu Zehra.

"Telefon bana," dedi kimin aradığını söylemeden Zafer. Daha sonra kısık bir sesle konuşmaya başladı. Gelen telefondan huylanmıştı Zehra. Hemen bir üst kata çıktı. Paralel telefonu açtı. Falcı Fazilet'in sesini duydu. Sesini çıkarmadan dinlemeye koyuldu.

"Karın nasıl?"

"İyi," dedi Zafer. "Şimdi daha iyi."

"İyi olmayıp da nasıl olacaktı? Siz gittikten sonra cinlerim bana bütün gerçeği anlattı."

"Ne anlattı?"

"Her şeyi."

"Neymiş o gerçekler," dedi Zafer meraklı bir şekilde.

"Boş ver şimdi. Müsait değilim sonra söylerim."

"Doğrusu merak ettim."

"Daha sonra," dedi Fazilet. "Bak, sana ne söyleyeceğim. Burada fakir bir kadın var. Garibim neredeyse açlıktan üstündeki yırtık pırtık elbiselerini yiyecek. Onun için yardım topluyorum. Allah rızası için gönlünden ne koparsa gönder. Bana getirdiğin külçe altını da bozdurup parasını garibanlara dağıttım."

"İnanmıyorum," diye içinden geçirdi Zehra. "Eşşoğlueşşek demek altını vermiş."

"Yarın gönderirim göndermesine de benim sıkıntım ne olacak?"

"Biraz sabret," dedi Fazilet. "Zamana ihtiyacın var."

"Hangi zamana. Yeter artık. Rektör hakkımı gasp edip duruyor."

"Bana inanmıyor musun? Sana ne söylediysem o olacak."

"İnşallah," dedi umutsuzca Zafer.

"Üç hafta sonra Kurban Bayramı geliyor," dedi Fazilet.

"Ee, n'olmuş?"

"Hac'ca gidiyoruz. Bizimle gelir misin?"

"Bilmem ki nasıl olur? Bu kadar kısa zamanda elini kolunu sallayıp nasıl gidersin? Önceden müracaat etmek gerekmiyor muydu?"

"Biz normal yolla gitmiyoruz. Gayri resmi yollarla gideceğiz. Her şey hazır. Geliyorsan birkaç güne kadar haber ver."

"Bilmem ki," dedi tekrar Zafer. "Bir düşüneyim. Yoksa gelmeyi çok istediğimi biliyorsun."

"Bilmez olur muyum. O nedenle aradım."

"Başka bir şey daha sorabilir miyim?"

"Çabuk sor," dedi Fazilet.

"İzin versen bu akşam Zehra'yla birlikte olacağım. Bir sakıncası var mı?"

Zehra şaşkınlıktan küçük dilini yutacak gibi oldu. Telefonun ahizesi öylece elinde kalakaldı. Gözleri karardı. Telefonun ahizesini koltuğun üstüne fırlattığı gibi o hışımla aşağı kata indi, oradan ise bahçeye çıktı. "Yazıklar olsun sana orospu çocuğu," dedi avazı çıktığı kadar bağırarak.

Neye uğradığını şaşırdı Zafer elindeki telefonu masanın üstüne bırakırken.

"Demek bu durumlara geldik ha? Cevap ver bana puşt herif," dedi ve rasgele Zafer'e vurmaya başladı.

Şaşkınlıktan ne yapacağını bilemedi Zafer. "Ne diyorsun?" derken bir yandan da kendini Zehra'nın beceriksiz yumruklarından korumaya çalışıyordu.

"O orospu karıyla bütün konuştuklarınızı duydum. Yeter artık, bunu daha fazla bana yapma. Tükettin beni. Tükettin. Nefret ediyorum senden. Midemi bulandırıyorsun. Adi herif," dedi tekmelerini havada savururken. Daha sonra geriye çekildi ve ıhlamur ağacının gövdesine tutunarak çimlerin üstüne oturdu. Hüngür hüngür ağlamaya başladı.

Zafer ise süt dökmüş kedi gibi öylece oturduğu yerden tek bir kelime bile söylemeden Zehra'ya bakıyordu. Dakikalarca hiç durmadan ağladı. Oturduğu yerden kalkmak istedi ama o gücü kendinde bulamadı. "Bunu bana neden yapıyorsun?" diye sordu hıçkırıklar arasında Zafer'e.

"Ne yapıyormuşum ki?" dedi soğukkanlılıkla Zafer.

"İnsanı deli etme. Elinin körünü yapıyorsun. Daha ne yapacaksın? Çok mu mutsuzsun benimle? Nedir alıp veremediğin? Aklım bir türlü almıyor. Ne demek, karımla bu gece sevişebilir miyim? Bunun için izin mi alıyorsun artık? Neden? Doğru dürüst seviştiğimiz mi var sanki."

"Ne demek istiyorsun?" diye sert bir karşılık verdi Zafer.

"Allah'ından bul diyorum. Başka da söyleyecek bir sözüm yok. Akıl hastası bir adamla ne konuşulursa ben de seninle onu konuşuyorum. Beni de manyak yaptın."

"Beni deli etme be utanmaz karı. Doğru dürüst karılık yapsaydın bütün bu olanlar başına gelmezdi. Orada burada sürteceğine evinin karısı olsaydın. Bütün bunlar senin yüzünden başıma geldi."

"İşte orada dur," dedi Zehra oturduğu yerden ayağa kalkarken. Bir anda güçsüz bedeni canlanmıştı. Sinirden kızgın bir boğaya dönüşmüştü. "Sen ne demek istiyorsun aşağılık herif? Ben mi sana dedim git elin orospuları ile gir yatağa. O orospulara zaman harcayacağına bana seksi öğretseydin. Bir hayvan gibi üstüme çıkıp tepindin sadece. Hiçbir zaman beni psikolojik olarak hazırlamadın sevişirken. Tek yaptığın şey içime girip boşalmak oldu. Benim de orgazm olabileceğim hiç aklına gelmedi. Bana seksi öğretecek olan sendin. Çünkü bu deneyimi ilk kez seninle yaşadım. Ama sen işini bitirdikten sonra hep sırtını dönüp yattın. Seksin sadece erkekler için var olduğunu sana kim söylemişse yalan söylemiş. Şimdi aldatan kadınların neden aldattıklarını çok iyi anlıyorum. Falcı orospusu sana ne söyledi? 'Bu akşam karını düzebilirsin mi?' dedi. Beni düzmek için fetvayı aldın mı almadın mı? Onu söyle bana."

O sırada boşlukta güçlü bir ses yankılandı. Zafer'in dizinin dibine kadar sokulan sokak kedisi bile korkudan miyavlayarak geldiği yöne doğru kaçtı. Zafer, Zehra'nın yüzüne öyle bir tokat attı ki, Zehra arkasında duran beyaz plastik sandalyenin üstüne düşerek yere yuvarlandı. Ağzı burnu kanlar içinde kalmıştı. Elini ağzına götürdüğü gibi avucu kanla doldu. Bilge, en üst kattan koşarak bahçeye geldi. "Ne var, bu gürültü de ne?" demeye kalmadan annesini kanlar içinde yerde yatarken gördü. Koşarak annesinin yanına geldi. Kolundan tutup ayağa kaldırmaya çalıştı. "Ne oldu sana böyle?" dedi ağlarken. Başında hiçbir şey yapmadan öylece duran babasına baktı. "Baba, seni asla affetmeyeceğim asla," dedi nefret dolu bakışlarla. "O ellerin kırılır inşallah. Allah senin cezanı versin."

Zafer, o saatten sonra ne yaptığını bilmiyordu. Kendisine ağır sözler söyleyen Bilge'ye, "Demek bana küfür edersin ha. Sen kimsin lan? Sana da patlatayım da aklın başına gelsin anan gibi," dedi ve kızına tekme tokat girişti. Zafer bir türlü durmak bilmiyordu. Bir ara babasının elinden kurtulduğu gibi Bilge, annesinin arkasına koşup saklandı. "Anne ne olur yardım et," diye ağlayarak yalvarmaya başladı.

Kızı ile kocasının arasında sıkışıp kalmıştı Zehra. "Korkma kızım," dedi kararlı bir ses tonuyla. "O hayvan herif hiçbir şey yapamaz sana."

O sırada Zafer küfrederek üstlerine doğru geliyordu. "Ne olur Allah'ım, bana güç ver," diye dua etti içinden Zehra.

Kendi yediği dayağı tamamen unutmuş kızını korumaya çalışıyordu. "Bana istediğini yapabilirsin ama kızıma asla bir fiske daha vurdurtmam," dedi ve üstlerine doğru gelen Zafer'in üzerine bir panter gibi atladı. Zafer daha ne olduğunu bile anlamadan kendisini yerde yuvarlanırken buldu. Zehra'nın gözünü âdeta kan bürümüştü. Ne yaptığının bilincinde değildi. Uzun tırnaklarını Zafer'in yüzüne geçirdi. Bir süre sonra kendi ağzından ve burnundan akan kanlar Zafer'in yüzünden akan kana karıştı. Zafer'in yüzü paramparça olmuştu. Her tırnak geçirişte,

"Al sana aşağılık herif. Oh olsun sana," diye söylenip duruyordu bilinçsizce.

Bilge, annesini arkadan tutup çekmeye çalıştı soğukkanlılıkla. "Yeter anne. Ne olur yapma? Adamı öldüreceksin anne." Zafer o sırada bir boşluk bulup Zehra'nın ellerinden kurtardı kendisini. Yüzü kandan dolayı kıpkırmızı olmuştu. Zehra, tırnaklarının içine bakıp sinirden gülmeye başladı. Zafer'e tırnaklarını göstererek, "Bak," dedi. "Bu tırnakların içine iyice bak. Bu kan, senin kanın."

Zafer, tırnakları görür görmez şok oldu. Bir an Zehra'nın elinden kurtulduğuna şükretti. Kan dolu tırnaklarının içine bakıp, kahkahalar atmaya bir süre daha devam etti Zehra. Arada bir tırnaklarını Zafer'e doğru uzatıp geri çekiyordu. Bilge de yaşanan bütün bu karmaşadan dolayı şok olmuştu. Babası gibi o da annesini izliyordu. İlk önce annesinin yanına yaklaşmaktan korktu. Bir süre sonra ağır ağır annesinin yanına geldi. "Anne, anne," dedi ağlayarak. "Sen iyi misin? Yalvarırım ne olur kendine gel anne."

Bu sefer de Bilge'ye doğru uzattı tırnaklarını kahkahalar atarken. Avuçlarının içinden kanlar damlıyordu çimlerin üstüne. Zehra daha fazla ayakta duramadı. O anda bütün enerjisinin bedeninden çekildiğini hissetti. Dizleri katlandı, olduğu yere yığıldı. Bilge, annesine bakıp ağlıyordu: "Neyin var? Sana ne oldu böyle anne? Niye kendi kendine gülüp duruyorsun?"

Zehra bir süre daha boş gözlerle bakınıp durdu bir kızına, bir Zafer'e. Çok geçmeden attığı kahkahalar yerini hıçkırarak ağlama krizine bırakmıştı.

REKTÖR

Bin dokuz yüz doksan yedi yılının Ekim ayı...

O sabah gözlerini ilk açan Zafer olmuştu. Sabah namazı kılmış, hastaneye gitmek için hazırlanmıştı. Çalan telefonun sesiyle irkildi. Telefonu açtı. "Alo?"

"Günaydın, Zafer Bey."

"Günaydın."

"Kusura bakmayın. Sabah sabah sizi rahatsız ediyorum."

"Hiç önemi yok," dedi Zafer. "Ne istemiştiniz?"

"Rektörlükten arıyorum. Rektör Halis Bey sizinle saat on gibi görüşmek istiyor. Önemli olduğunu söyledi. Müsait misiniz?"

O anda eli ayağı buz kesti Zafer'in. "Rektör Bey mi?" dedi.

"Evet."

"Hangi konuda görüşmek istiyor biliyor musunuz?"

"Kusura bakmayın," dedi sekreter kadın. "En ufak bir bilgim yok."

157

"Tamam," dedi Zafer. "Saat on gibi rektörlükte olurum."
Telefonu kapattı. Heyecanı bütün bedenini sarmıştı. Ne yapacağını bilemedi. "Acaba," dedi. "İstediğim şey mi oluyor?" Duvardaki saate baktı. Saat daha çok erken bir vakti gösteriyordu. Bir kahve yaptı kendisine. Daha sonra evin içinde dönüp durmaya başladı. "Sana şükürler olsun Allah'ım. Bugünleri de bana gösterdiğin için," diye içten içe Allah'a dua edip durdu. Heyecandan daha fazla evde duramadı. Kendisini dışarı attı. Rektörlüğe geldiğinde saat daha dokuzdu. Kendisine bir kahve söyledikten sonra beklemeye koyuldu.

Zaman geçmek bilmiyordu. Her beş dakikada bir kolundaki saate bakıp duruyordu. En son saatine baktığında saat ona on iki dakika vardı. Oturduğu yerden kalkarken, "Ya Allah, bismillâh," deyip rektörün odasının bulunduğu kata merdivenlerden çıktı.

"Günaydın," dedi sekreter kadına.
"Günaydın hocam."
"Nasılsınız?"
Sekreter kadın bu sorunun iş olsun diye sorulmuş olduğunu anlayarak, "İyiyiz. Teşekkürler," dedi.
"Rektör Bey geldi mi?"
"Şimdi geldi hocam. Buyurun oturun. Sizi beş dakika bekleteceğim."
"Peki," dedi Zafer ezik bir sesle kendisine gösterilen koltuğa otururken.

O sırada telefon çaldı. Telefonla görüşmesi bittikten sonra, "Pardon," dedi sekreter kadın ayağa kalkarken. "Rektör Bey'e şu mavi dosyayı götürmem gerekiyor. Sizi birazdan içeri alacağım."
"Önemi yok," dedi Zafer. "Lütfen, siz işinizi yapınız."
Odaya gireli beş dakika olmuştu sekreterin. Zafer heyecandan yerinde duramıyordu. Kapının kolu aşağı indi. Sekreter kadın dışarı çıkarken, "Buyurun hocam," dedi.

158

Zafer odaya girdiğinde Rektör Halis Kalemderoğlu hiç istifini bozmadan masasında oturuyordu. "Hoş geldiniz," dedi soğuk bir ses tonuyla Zafer'e.

"Hoş bulduk hocam," dedi Zafer masanın üstünden elini rektöre doğru uzatırken. Kendisine uzatılan eli hiç yerinden kalkmadan parmak ucuyla sıktı rektör. O anda gergin bir hava oluştu. Zafer'in bedenini saran heyecan yerini yavaş yavaş endişeye bırakmaya başladı.

"Oturun," dedi rektör.

"Beni emretmişsiniz?" dedi Zafer koltuğa otururken.

"Evet, sizinle görüşmek istedim. Haa! Bu arada Allah kabul etsin," dedi alaycı bir tavırla.

"Pardon, anlamadım efendim."

"İki ay önce Hac'ca gidip, hacı olmuşsunuz."

"Aa! Evet," dedi şaşkınlıkla Zafer. "Sağ olun efendim. Bu tür işlerle ilgilendiğinizi bilmiyordum."

"Hiç ilgilenmez olur muyum?" dedi rektör önünde duran mavi renkli dosyayı açarken. Zafer dosyaya dikkatlice baktı. Az önce sekreter kadının içeri götürdüğü dosyadan başkası değildi.

"Bu fotoğraflar sizin galiba," dedi rektör dalga geçercesine. Daha sonra Zafer'in yüzüne doğru elindeki fotoğrafları fırlattı. Zafer, tepesinde uçuşan fotoğrafların ne olduğunu ancak yere düşünce görebildi. Eğilip yerden fotoğrafları aldı. Fotoğraflara bakar bakmaz gözleri fal taşı gibi açıldı. "İnanmıyorum! Bu, bu..."

"Evet," dedi rektör. "İnanabilirsin. Fotoğrafta gördüğünüz sizden başkası değil."

"Ama nasıl olur bu?" diye sordu şaşkınlıkla.

"Allah'ın takdiri işte. Olan olmuş. Kulağını aç da beni iyice dinle Zafer Efendi. Ben laik bir insanım. Burası bir öğretim kurumu. Normal bir vatandaş olarak Hac'ca gidip hacı olmana karışamam. Ama birtakım gayri resmi yollarla, bir tarikata mensup insanlarla Hac'ca gitmene karışırım. Senin gibi bir bilim adamına, adına zikir dediğiniz şu fotoğraftaki görüntülerin karesinde olmak yakışıyor mu? Ben bu görevde kaldığım sürece ömrü billâh senin profesör unvanını vermeyeceğim, verdirtmeyeceğim. İki elim her daim yakanda olacak. Şimdi odamdan defol."

O anda sanki, Zafer'in başından aşağıya kaynar sular dökülmüştü. Duyduklarının kötü bir şakadan ibaret olduğuna inanmak istedi. Gözleri karardı. Oturduğu yerden kalkmak istedi ama bedeni bir taş yığını gibi ağırlaşmıştı. İki eliyle koltuğun kenarlarından tutup tekrar kalkmaya çalıştı. Rektör, oturduğu yerden hayretle onu izliyordu.

"Bunu bana yapamazsın," dedi dudakları titrerken.

"Yaptım bile," dedi gülerek rektör.

"Sen Allahsızın tekisin," dedi hiddetle Zafer. "Senin yüreğinde bir gram bile Allah korkusu yok."

"Odamı bir an önce terk et. Yoksa polis çağıracağım," dedi kızgın bir şekilde rektör.

"Şimdi gidiyorum," dedi Zafer. "Ama bana yaptığın bu pisliği yanına kâr bırakmayacağım. Seninle elbette sonra görüşeceğiz."

"Demek beni tehdit ediyorsun ha?" dedi rektör. "Erkek adamsan elinden geleni ardına koyma. Şimdi defol. Sen git zikrini yap. Bu mesele daha burada kapanmadı Zafer Efendi. İki elim yakanda olacak."

"Elinden geleni yapmazsan şerefsizin tekisin sen. Elinden geleni ardına koyma şerefsiz adam."

Duyduğu sözler karşısında Rektör Halis Kalemderoğlu'nun beti benzi sarardı. "Demek beni tehdit ediyorsun ha."

"Evet," dedi Zafer kendini kaybetmiş bir şekilde. "Bunun adı tehditse evet ediyorum," dedi ve o sinirle odayı terk etti.

SÜRPRİZ HABER

Zafer akşam eve döndüğünde hâlâ yaşadığı şoku üzerinden atamamıştı. Sessizce odasına çekildi. Elindeki çantayı masanın üstüne fırlattığı gibi yatağın üstüne uzandı. Bir süre öylece kalakaldı. Sinirleri iyiden iyiye bozulmuştu. Daha fazla kendini tutamayıp bir çocuk gibi hıçkırarak ağlamaya başladı. O sırada akşam ezanı okundu. "Neden?" dedi haykırarak. "Ey göze görünmez Allah'ım neden? Bütün bu olup bitenleri bana neden yaşatıyorsun? Neden beni sınıyorsun? Ne olur yeter artık. Dayanacak gücüm kalmadı."

O esnada odanın önünden geçmekte olan Barış içeriden gelen sesi duydu. Parmak uçlarının üzerine basarak sessizce kapıya doğru yaklaştı. Kulağını kapıya dayadı. Babasının ağlayarak kendi kendine konuştuğunu duydu. Kapıyı açıp içeri girmek istedi ama korktu. Tekrar ayak parmaklarının uçlarına basarak oradan uzaklaştı. Üst kattaki basamakların başına geldiği zaman koşarak aşağıya indi. En alt kata indiği zaman nefes nefese kalmıştı.

"Ah benim söz dinlemez oğlum," dedi Zehra sofrayı hazırlarken. "Sana kaç kez söyledim. Evin içinde koşturup durma diye."

"Anne," dedi heyecanla. "Babam yukarıda kendi kendine konuşuyor."

En son kavgalarının üzerinden yaklaşık iki ay geçmişti. Zafer Hac'ca giderken, yolcu etmeye bile gitmemişti Zehra. Bir tek hacdan döndüğünde dilinin ucuyla, "Allah kabul etsin," demişti sadece. O günden bugüne değin doğru dürüst tek bir kelime bile konuşmamışlardı. Zafer hacdan döndükten sonra ev mahşer yeri gibiydi. Eve gelip giden insanların haddi hesabı yoktu. Çoğu sakallı ve sarıklı tiplerdi. Hatta işi öyle abartmışlardı ki, bir akşam küçük bir zikir töreni bile yapmışlardı.

"Belki namaz kılıyordur oğlum," dedi Zehra.

"Hayır," dedi Barış.

"Nereden biliyorsun namaz kılmadığını?"

"Namaz kılan insan ağlar mı anne?"

"Ağlıyor mu?"

"Evet."

"İnanmıyorum."

"Vallahi de billâhi de ağlıyordu anne. İnanmazsan git kendin bak."

Zehra ne yapacağını bilemedi. Eli ayağına dolaştı.

"Yukarı çıkıp bakmayacak mısın anne?" diye sordu Barış.

"Bakacağım oğlum bakacağım," dedi bu sefer kararlı bir ses tonuyla.

"Seninle geleyim mi anne?"

"Hayır, oğlum. Sen en iyisi burada kal. Ablan neredeyse gelmek üzere. Kapıyı açarsın."

Ağır ağır yukarı kata çıktı. Odanın önüne geldiğinde içeriden bir ses gelmiyordu. Kulağını kapıya dayadı. Bir süre dinledi ama bir çıt sesi bile duymadı. "Seni haylaz çocuk," dedi oğluna kulağını kapıdan çekerken. Tam arkasını dönüp gidecekken o anda bir hıçkırık sesi duydu. "İnanmıyorum," dedi. "Adam gerçekten ağlıyormuş."

Kapıya vurdu.

"Kim o?" dedi Zafer göz yaşlarını çabucak silerken.

"Benim," dedi Zehra. Kapıyı açıp içeri girdi.

"Ne var, ne istiyorsun?"

"İyi misin?" dedi odanın ışığını yakarken.

"Işığı hemen söndür," diye çıkıştı koluyla gözlerini kapatırken Zafer.

Zehra ışığı yaktığı gibi söndürdü. Oda kapkaranlık olmuştu.

"Neyin var?"

"Yok bir şey."

"Bir şey yoksa neden ağlar bir insan?"

"Seni ilgilendirmez."

"Öyle olsun," dedi Zehra içi buruk bir şekilde. "Canını sıkan şeyin ne olduğunu benimle paylaşmanı isterdim."

"Paylaşılacak bir şey kalmadı."

"Haklısın," dedi Zehra karanlıkta başını sallarken. "İkimiz belirledik yalnızlığımızı. Başka bir yerde suçlu aramaya gerek yok. Yanlışsız bir yaşam yok. Biz de birbirimizin yanlışıyız."

"Yine başlama," dedi Zafer.

"Doğru," dedi Zehra. "Hep ben başlıyorum. Doğru. Bunu unutmuşum. Canını sıkmayacağım. Gördüğüm kadarıyla canın sıkkın zaten. Seni yalnız bırakayım."

Hiç ses çıkmadı Zafer'den. Tam arkasını dönüp gidecekken, "Hangi arada hangi derede oldu bilmiyorum ama yakında baba olacaksın," dedi Zehra.

163

Zafer duyduğuna inanamadı. "Ne? Benimle dalga mı geçiyorsun sen? "

"Bu işin dalgası mı olur? Ben aşağı iniyorum. Daha fazla canını sıkmayayım."

"Dur. Bekle bir dakika."

Zehra daha fazla beklemedi. Aşağı kata indi. Bilge çoktan gelmişti. "Ne haber kızım? Okul nasıl geçti?"

"Boş ver anne okulu. Babamın nesi var?"

"Bilmem. Çok merak ediyorsan git kendisine sor."

"Aman yok, ben almayayım. Çok da meraklı değilim."

Kızının söylediklerine güldü Zehra. "Bakıyorum da akıllanmışsın."

"Ben boyumun ölçüsünü iki ay önce aldım. Bir daha mı? Tövbe."

Zafer akşamdan beri girdiği odadan dışarı çıkmış, aşağı kata inmişti. Sofraya oturdu. "Çorba içer misin?" diye sordu Zehra.

"Kaç aylık?"

"Bilmiyorum. Epey zaman oldu."

Bilge annesinin yüzüne baktı. "İnanmıyorum anne. Yoksa..."

"Evet, kızım."

"Bu zamana kadar nasıl doktora gitmezsin?" dedi kızgınlıkla Zafer.

"Ruh halimin iyi olduğunu söyleyemem. Hiçbir şeyden emin değilim. Bu çocuğu isteyip istemediğimi de bilmiyorum."

"Allah'ın verdiği canı nasıl istemezsin?"

"Ben Allah'ın verdiği cana karşı değilim. Onun sorumluluğunu taşıyacak bir babanın geleceğinden şüpheliyim. Son yıllarda çocuklarla ilgilendiğini söyleyemem. Sorumlulukları hep benim üstümde. Para vermekle bu işler olmuyor."

"Tamam büyütme. Beni sorumsuz bir baba olmakla suçlayamazsın. O zaman sen sorumlu bir anne ol."

"Yeter Allah aşkına," dedi Zehra kestirip atarak. "Yine başlamayalım. Çocuklara rezil olduk zaten olacağımız kadar."

"Öyle olsun," dedi Zafer. "Yarın sabah erkenden hastaneye gel."

"Sabahtan yuvaya gitmem gerekiyor. Kadınlardan biri ayrıldı. Ancak öğleye doğru gelebilirim."

Ertesi gün öğlen hastaneye gittiğinde bütün doktorlar yemeğe gitmişti. "Nerede kaldın?" dedi Zafer.

"Kusura bakma. Çocuklardan biri hastalandı. Ailesinin gelmesini bekledim."

"Aç mısın?"

"Hayır."

"Doğruyu söyle."

"Biraz midem kalktı. Bulantım var galiba."

"O zaman doğru yemeğe. Bir şeyler yemen gerekiyor. Mideni bastırmış olursun."

"Hatırlıyor musun?" diye sordu Zehra.

"Neyi?"

"En son baş başa ne zaman yemek yediğimizi?"

Kısa bir süre düşündükten sonra, "Hayır," dedi utanarak Zafer.

"Boş ver canım. Utanmana gerek yok. Oysa eskiden ne güzelmiş hayatımız. Seninle her anı paylaşmak. Seninle katıla katıla gülmek. İki sevgili, iki arkadaş gibi olmak. Şimdi ise düştüğümüz bu duruma baksana. Bu durumu bir türlü kabullenmek istemiyorum. Bu gerçekler beni çok incitiyor."

"Takma," dedi Zafer. "Bu tür geçiş dönemleri olur evliliklerde."

"Anlamıyorsun," dedi gözleri buğulanmış bir şekilde Zehra. "Sen benim kocamsın. Çocuklarımın babasısın. Takma demek o kadar basit mi? Neyi takmayayım? Neler yaşadığımı bir Allah bilir bir de ben. Bu çocuğu dünyaya getirmek istemiyorum. Evde iki tane mutsuz çocuğum var zaten. Bir üçüncüsünü onların acısına ortak edemem."

"Neden olumsuz düşünüyorsun? Gerçekten her şey o kadar kötü mü?"

"Nasıl düşünmeyeyim Zafer. Kötü de ne demek? Uçurumun kenarına kadar geldik. Birlikte aynı duraktan bindik otobüse ama farklı duraklarda ineceğimiz o kadar aşikâr ki. Alışık olmadığım bir yaşamın içine girdin. Son bir aydır eve gelen insanların o tiplerine baktığım zaman kim bu insanlar diye kendi kendime sorup duruyorum. Uzun sakallı ve şalvarlı, çorapları leş gibi kokanlar... Daha neler, neler? Nereden bulursun bu adamları. Allah aşkına bu tipleri çok mu aradın? Bir gün başın belaya girecek. Kariyerini hiç mi düşünmezsin? Rektörün nasıl adam olduğunu çok iyi biliyorsun. Bu adam senin tarikatçı olduğunu bilse ömür billâh profesörlüğünü verdirmez. Tamam. Adamın uzaktan yakından Atatürkçülükle ilgisi yok ama şimdiki güçte o. Bir sürü laik bildiğim profesörler bile adamdan nefret ediyor. Ne olur kendine dikkat et. Senin başarılı olmanı kendi adıma değil ama çocuklarım adına çok istiyorum."

Sustu Zafer. Derin bir sessizliğin içine gömüldü. "Benim kariyerim buraya kadar," dedi bir süre sonra sessizce.

"Nedenmiş o?" diye sordu Zehra. "Belki iyi bir koca olduğunu söyleyemem ama son derece başarılı bir cerrahsın."

"Allahsız rektör öyle düşünmüyor ama."

"Onunla ne ilgisi var?"

"Var, var," dedi Zafer ve daha sonra başından geçen her şeyi bir bir anlattı Zehra'ya.

"İnanmıyorum!" dedi Zehra. "Eee sonunda olacağı da buydu. Sakal bırakıp hastaneye gittiğin günleri çoktan unuttun galiba. Yapma, etme diyecektim ama konuştuğumuz mu var? O halin koskoca bir bilim adamına yakışıyor muydu?"

"Tamam kes," dedi Zafer sinirli sinirli. "O Allahsız adam gibi karşımda konuşup durma. Kaderimde yokmuş demek ki profesör olmak."

"İyi de bu kader değil ki. Senin yaptığın düpedüz aptallık. Bir falcının peşinden takılıp giden bütün aptal insanlar gibi davrandın."

"Ne istiyorsun o mübarek kadından? Senin alıp veremediğin hep o kadın."

"Mübarek mi? O mendebur karının nesi mübarek? Hiç mübarek insan görmesem söyleyeceğine inanacağım. Başımıza ördüğü çoraptan haberin yok senin. Yakında bizi bir kuru ekmeğe muhtaç edecek. Bunlar bizim daha iyi günümüz. Sen bana inanma."

"Tamam kes," dedi Zafer.

"Haklısın. İşine gelmeyince hep dırdır edip durma diyorsun. Fazilet karısına laf söyleyince kadının.üzerindeki pullar dökülecek diye korkuyorsun."

Tam o sırada öğretim üyelerinin yemek yediği lokalin kapısından içeri girerlerken, "Yemeği boş ver. Benim iştahım kaçtı. Seninle yemeğe gelende kabahat. Ben geri dönüyorum," dedi ağlayarak Zehra.

Zafer lokal kapısının önünde öylece bir başına kalakaldı. "Hay aksi şeytan," diye söylendi kendi kendine. Arkasından koştu Zehra'nın. "Dur, bekle."

Zehra hiç umursamadan yürümeye devam etti. Zafer, onu kolundan çekti. "Dur, bekle. Tamam, özür dilerim."

"Ne zaman adam olacaksın sen? Beni deli ediyorsun. Allah korkusu yok mu sende? Hamileyim. İçimde bir can taşıyorum. Hamile kadın hiç böyle üzülür mü? Ya çocuğa bir şey olursa?"

"Haklısın, özür dilerim. Hadi geri dönelim. Bir-iki lokma bir şeyler ye."

"İştahım kaçtı artık. Sen git ye. Ben bahçede biraz oturacağım. Sonbaharın son güneşi var bugün. Korkma, üşümem."

"Ben de seninle oturacağım."

"Otur ama Allah aşkına ağzını açıp da konuşma. Kavga edecek gücüm yok. Kendimi çok yorgun hissediyorum."

Bir bankın üzerinde hiç konuşmadan öylece oturdular. Ağaçların yaprakları iyiden iyiye sararmaya başlamıştı. Birkaç serçe o daldan diğerine konup duruyordu. Ezan okundu. Zafer'e dönerek, "Hadi," dedi Zehra. "Git namazını kıl. Ben birazdan gelirim odana."

"Peki," dedi Zafer.

Yarım saat sonra kadın doğumcu arkadaşları Bülent, ikisini de kapıda karşıladı. "Seni hayırsız," dedi Zehra'ya. "İşin düşmezse gelmezsin. Kaç zamandır bize gelmiyorsunuz? Karım seni hep sorup duruyor. Vallahi özlettin kendini. Şu kocan olacak herife bir akşam al bize getir diyorum. Ama işlerin çok yoğunmuş. Allah aşkına ne iş yapıyorsun sen?"

Zehra, Zafer'in gözlerinin içine baktı. Gözlerini Zehra'nın bakışlarından kaçırdı Zafer. "Kusura bakma," dedi Zehra. "Zafer bana binlerce kez söyledi! Tutturdu hep Bülentlere gidelim diye. Ama ben o kadar çok çalışıyorum ki bir türlü zaman bulup da gelemedik. Ne olur kusuruma bakmayın. Yuvadaki çocuklar beni çok yoruyor. Akşamları yorgunluktan ağzım bir karış açık kalıyor."

Doktor Bülent güldü. "Çok çalıştığına göre, çok para kazanıyorsundur. Bu kadar parayı ne yapacaksınız?" diye şakayla karışık sordu.

"Ne parası?" dedi. "Benimkisi sadece hamallık."

"Yok, yok," dedi Doktor Bülent. "Allah daha fazlasını versin. Gözümüz yok. Geç şöyle uzan bakayım."

İlk muayeneyi yaptıktan sonra, "İlk kez gelmiyorsun değil mi doktora?" diye sordu şaşkınlıkla Doktor Bülent.

Zehra başını öne eğdi. "İlk kez," dedi utangaç utangaç.

"Allah Allah," dedi arkadaşları Bülent. "Çok garip. Bu saate kadar hiçbir doktora gitmedin mi?"

"Hayır."

"Şaka mı yapıyorsun?"

"Vallahi hayır."

"Karnını aç bakayım."

Bir süre elini karnının üzerinde gezdirdi. Dolabın içinden aldığı beyaz renkli sıvı bir jeli karın bölgesine sürdü. Ucu mavi yanan ışıkla âleti karın bölgesinin üstünde gezdirdi. Bilgisayarın ekranından baktı. "Görüyor musun?" diye sordu Zehra'ya. "Bu neredeyse dört aylık bir çocuk. Sizi hiç anlamıyorum! Bu saate kadar neredeydiniz?"

"Benim de dün haberim oldu," dedi Zafer.

"Git be oğlum. İnsanı güldürme. Şaka yapıyorsun."

"Hayır. Yemin ederim. Dün haberim oldu."

Zehra sırt üstü yattığı yerden ters ters baktı Zafer'e. "Doğru," dedi. "Dün haberi oldu. Daha önce kendisini evde görseydim söyleyecektim. Kendisi bir gezgin olduğu için arada bir eve uğrar. Orası senin burası benim, dolaşıp duruyor."

Doktor Bülent aralarında bir sorun olduğunu çoktan anlamıştı. Ortamı yumuşatmak istedi ama ilk bulgular onu karamsarlığa itti. "Ciddi bir sorunumuz olabilir," dedi.

Yattığı yerden hafifçe başını yukarıya doğru kaldırdı Zehra. "Ne sorunu?"

"Bebek bir erkek."

"Ee, ne var bunda?" dedi gülerek Zehra.

"Bir amniosentez testi yapacağım."

"Allah aşkına söyle Bülent. Bir şey mi var?"

"Şimdi konuşmak yanlış olur. Testin sonucundan sonra konuşalım."

İlerleyen saatlerde testin sonucunu aldığı zaman Doktor Bülent'in yüzünden düşen bin parçaydı. "Maalesef size iyi bir haber veremeyeceğim," dedi üzüntülü bir şekilde. "Bebek, nasıl söylesem, moron."

Zehra duyduğu şeye inanmak istemedi. Başı öne doğru düştü. "İnanmıyorum," dedi. "Gerçekten emin misin?" diye sordu gözünden yaş akarken.

Doktor Bülent'in elinden yırtarcasına çekip aldı Zafer bilgisayardan çıkan sonuçları. Dikkatlice inceledi. "Emin misin Bülent?"

"Yüzde yüz. Bu saatten sonra yapacak bir şey yok."

Zehra hüngür hüngür ağlamaya başladı. "Nasıl olmaz? Mutlaka bir çaresi vardır."

"Üzgünüm," dedi Doktor Bülent. "Çok geç kalmışsınız. Bu saate kadar neredeydiniz? Bebek dört aylığı bile geçmiş."

Zafer soğukkanlı bir şekilde konuşulanları dinledi. Bir sandalye çekip oturdu. "Allah'ın takdiri," dedi. "Ne yapalım katlanacağız o zaman."

"Kes sesini," dedi öfkeyle Zehra. "Bütün bunlar senin yüzünden oldu. O kadar strese sokmasaydın beni bunlar başımıza gelmezdi. Şimdi de karşıma geçip pişkin pişkin konuşma. Neymiş? Allah'ın işiymiş. Yok daha neler."

O anda Zafer'in takındığı tavırdan her şeyi anlamıştı Zehra. Karnında taşıdığı özürlü bebeği inançları gereği istiyordu Zafer. İş başa düşmüştü. Bir taraftan ağlarken diğer taraftan da güçlü olmaya çalıştı. Doktor Bülent'e baktı yaşlı gözlerle. "Mutlaka bir çözümü olmalı. Ne yapacağım?" diye sordu.

"Çok geç."

"Hayır. Hiçbir şey geç değildir. Mutlaka bir çözümü olmalı. Bu çocuğu doğurmak istemiyorum."

Hayret dolu bakışlarla baktı Zafer. "Ne? Aldırmak mı? Günah. Allah'ın işine nasıl karışırsın sen?"

"Kes sesini," dedi Zehra. "Sana soran olmadı. Günahı benim boynuma, senin değil. Ben öldüğüm zaman kim bakacak bu çocuğa? Sen mi? Adım gibi eminim. Bir gün bile bakmazsın. Ben bu sorumluluğu tek başıma kaldıramam."

Sustu Zafer. "Ne halin varsa gör Allahsız karı. Bir gram Allah korkusu yok içinde senin," dedi.

"Haklı," dedi Bülent gerilen ortamı yumuşatmak için. "Çok büyük sorumluluk istiyor. Hamilelik döneminin başından beri stresli ortamdan uzak durması gerekiyordu. Ama görüyorum ki bu ortamdan uzak durması imkânsız olmuş. Senin de biraz olsun anlayış göstermen gerekiyor Zafer."

"Allah aşkına kes bu saçmalıkları Bülent," diye sert bir şekilde çıkıştı Zafer. "Hangi anlayıştan bahsediyorsun? Bu karı kendine de bana da kafayı yedirdi. Ne hali varsa görsün."

Doktor Bülent şaşkınlıktan ne söyleyeceğini şaşırdı. "Ne biçim konuşuyorsun benimle?" diye sorabildi ancak.

Çok ileri gittiğini çok geçmeden anlamıştı Zafer. "Kusura bakma. Çok özür dilerim senden. Biraz gerginim. Ne konuştuğumu bilmiyorum."

Bu sefer alttan alan Doktor Bülent oldu. "Tamam. Boş verin. Önemi yok. Olur bu tür şeyler. Şayet karar verirseniz bir yol var. Tıpta her şey mümkün. Geç kalınmış ama yeter ki siz karar verin. Size ancak böyle bir iyilik yapabilirim." Daha sonra, "Ne diyorsun Zafer?" diye sordu Doktor Bülent.

"Ben Allah'a inanan birisiyim. Bu yaptığınız günah. Bunun hesabını öteki dünyada veremezsiniz."

"Ne demek istiyorsun? Biz gâvur muyuz? Burada bir candan bahsediyoruz. Bir ömür boyu bakıma muhtaç olacak birisinden."

"Boş verin," dedi Zehra araya girerek. "O ne söylediğini bilmiyor. Onun için hava hoş. Ben kararımı verdim. Benim için ne kadar zor olsa da bu çocuğu aldıracağım."

"Peki," dedi Doktor Bülent. "Yarın gelin, bu işi bitirelim."

ZANAX

❧❧❧

"Kendimi bir katil gibi hissediyorum," dedi Zehra, Bilge'nin kollarında ağlarken. "Saçmalama anne," dedi Bilge. "Çocuğu aldırmakla en iyisini yaptın. Boş yere kendini hiç üzüp durma." "Her gece rüyama giriyor kızım, elimde değil. İstemeden de olsa galiba günah işledim."

Islak yanaklarından öptü annesinin Bilge. "Sen annelerin en tatlısısın. Sen istesen de günah işleyemezsin."

"Galiba vicdan azabı benimkisi."

"Öyle söyleme anne. Her işte bir hayır vardır."

"Bu işte bir hayır olduğu kesin ama gel gör ki annelik çok farklı bir duygu kızım. İlk doğduğun günü hatırlıyorum da şimdi."

Kızına sarılırken gözyaşları iyiden iyiye artmıştı. "Baksana halime," dedi burnunu silerken Zehra. "Resmen sulu gözlü bir kadın oldum çıktım."

Annesinin yanağından bir makas aldı Bilge. "İyi ki senin kızınım. Bizim için ne kadar çok şeye katlandın anne. Yoksa babama katlanmak için deli olmak gerekirdi."

"Her anne bunu yapar kızım," dedi Zehra. "İleride bir gün anne olduğunda ne demek istediğimi daha iyi anlayacaksın. Zaman su gibi akıp geçiyor. Bak artık on altı yaşındasın. Seneye inşallah üniversiteli olacaksın. Geriye dönüp baktığımda seninle on altı yıl nasıl geçmiş hatırlamıyorum. O kadar çok şey yaşadım ki seninle. Hep çok özel bir çocuk oldun benim için."

"Sen de benim için hep özeldin anne," dedi Bilge, annesine sımsıkı sarılırken. "Seninle arkadaş gibiydik. Nelerimi paylaşmadım ki seninle. Geçen yıl ilk âşık olduğum günü hatırlıyor musun?"

"Hatırlamaz olur muyum kızım," dedi Zehra zoraki de olsa gülerken.

"Aman anne. Şimdi dalga geçersin benimle. Ne kadar da salakmışım."

"Hiç emin olmadığın şeye inanmak zaten salaklıktır kızım. Ama ne ağlamıştın o zamanlar."

"Yeter sus anne. Hatırlatma dedim sana o salak günlerimi."

"Seni seviyorum," dedi Zehra tekrar kızına sarılırken.

"Daha ne kadar böyle yaşamaya devam edeceksin?" diye sordu Bilge ansızın.

"Neden böyle düşünüyorsun kızım?" dedi afallayarak Zehra.

"Babam seni çok üzüyor anne. Bu adama artık ben bile tahammül edemiyorum. Ondan nefret ediyorum."

"Öyle konuşma kızım. O senin baban."

"Doğru! Babam. Babam olması onu koşulsuz seveceğim anlamına gelmez. Hepimizi çok üzdü ve üzmeye de devam ediyor."

"Bunca yıldır saçımı sizin için süpürge ettim kızım. Önceliğim hep siz oldunuz. İyi sabrettim ama az kaldı. Seneye bir üni-

173

versiteyi kazan, ondan sonra oturup düşüneceğim. Şimdi sizin için yanlış zaman olur bizim boşanmamız."

"Bizim için kendi hayatını hiçe saymanı anlamıyorum anne. Bu bana çok saçma geliyor."

"Ah benim büyümüş de küçülmüş kızım. Bu yaşta nereden bulursun bu kelimeleri de konuşursun."

"Ben çocuk değilim anne. On altı yaşındayım."

"Hayır kızım. Sen küçüklüğünden beri mantıklı bir kızdın. O nedenle Allah var, beni hiç üzmedin. Bu olay bir tek kendi hayatımla alâkalı değil. Bu, anne olmakla alâkalı bir durum. İşte bunu sen anlayamazsın. Anlamanı da beklemiyorum. Çünkü bunun için daha çok gençsin. Bir gün ileride anne olduğunda anlayacaksın ancak."

"Gerçekten de bunu anlayamıyorum."

"Bir gün ileride inşallah," dedi tekrar kızına sarılırken Zehra. "Yarın psikiyatriste gideceğim. Sakinleştirici birkaç ilaç versin bana."

"Ama anne," dedi Bilge karşı çıkan bir tavırla.

"Hayır," dedi Zehra. "Hayır, kızım. Kendimi ya içkiye vereceğim ya da ilaca. İçki kesmedi beni. Şimdi de ilaçları bir deneyeyim. Bir süreliğine iyi gelir belki."

"İlaçlara bağımlı yaşamanı istemiyorum anne."

"Sadece geçici bir süreliğine kızım. Baykuş gibi oldum. Sabaha kadar gözüme bir gram uyku girmiyor."

"Söz ver bana anne. Sadece kısa bir süreliğine o ilaçları alacaksın. Arkadaşımın annesi o ilaçları kullanıyordu. Kadın bütün gün evin içinde ruh gibi dolaşıp durmuş."

"Tamam kızım. Söz sana. Artık geç oldu. Sen git uyu."

"Ya sen?"

"Beni düşünme. Belki biraz televizyon izlerim."

Ertesi gün psikiyatriste gitti Zehra. Psikiyatrist uzun uzadıya Zehra'yı dinledikten sonra, girdiği depresyonu yenmesi için Ceroxat adlı ilaçla, yatıştırıcı ve uyku verici özelliği olan Zanax adlı ilacı, kullanması için birer kutu yazdı.

Psikiyatristin muayenehanesinden çıktıktan sonra, işyerine. uğradı Zehra. Çocuklar öğle yemeği için küçük masalarının başlarına kurulmuşlardı. Bir anda Zehra'yı karşılarında görünce şaşırdılar. O şaşkınlıkla oturdukları yerden kalkarak ona doğru koşuşturmaya başladılar. Koşarlarken de hep bir ağızdan, "Zehra Teyze," diye bağırıyorlardı. Bir anda etrafını bir sürü çocuk sardı Zehra'nın. Tek tek sarılıp hepsini öpmeye çalıştı. "Ah benim güzellerim, ah benim pıtırcıklarım. Sizleri ne çok özledim. Teyzenizin sizinle yemek yemesini ister misiniz?" diye sordu.

"Eveeet," diye koro halinde bağırdı çocuklar. "Hadi öyleyse," dedi Zehra. "Hep birlikte sofraya oturalım." Çocuklar yerlerine geçerken içlerinden bir kız çocuğu Zehra'nın yanına yaklaştı. "Zehra Teyze," dedi.

Zehra, aşağı yukarı beş yaşlarında olan kız çocuğuna dönüp baktı. "Senin teyze diyen dillerini yerim. Söyle aşkım. Ne istiyorsun?"

"Senin karnına ne oldu?"

Zehra şaşkınlıkla çocuğa baktı. Yalandan da olsa gülümsemeye çalıştı. "Şey, ne varmış benim karnımda?"

"Senin karnında bebek vardı."

"Yok, yavrum bebek mebek. Nereden çıkardın?"

"Vardı işte. Buradaki teyze söyledi."

Zehra ağlamamak için kendini zor tutuyordu.

"Tamam," dedi yuvadaki yardımcı kadınlardan biri. Daha sonra da söylendi: "Tövbe tövbe vallahi. Dünyanın sonu geldi. Yok anam, bunlar büyümüş de küçülmüş. Hadi sizi haylazlar. Çabuk yemeğinizi yiyiniz."

Çocuklar kıkır kıkır gülüşmeye başladılar. Hemen önlerine dönüp yemeklerini yediler. "Siz kafanıza takmayın abla. Bunlar çocuk işte," dedi kadın.

"Haklısın," dedi Zehra. "Yaşları daha çok küçük ama beyinleri bir yetişkin insan gibi. Bazen şimdiki çocuklara hayret etmiyor değilim."

"He vallahi abla. Doğru söylediğin için ağzına sağlık. Televizyon bu çocukları bozmuş."

"Yine de çocuk işte," dedi Zehra sofraya otururken. "Bir kâse çorba da ben alabilir miyim?"

"Hemen abla," dedi kadın çorbayı getirmeye giderken.

Akşam eve döndüğünde uzun beyaz sakallı, şalvarlı ve yaşı altmış beş civarlarında bir adam ile siyah çarşaflı bir kadın evde oturuyordu. Zehra gelen misafirlere iyice baktı. Kim olduklarını çıkaramadı. Gözlerinden başka hiçbir yeri görünmeyen çarşaflı kadın ayağa kalktı. "Hoş bulduk," dedi Zehra'ya siyah eldivenler taktığı elini uzatırken.

Zehra kendisine uzatılan eli sıkarken afalladı. "Ee bari hoş geldiniz," dedi. Daha sonra sakallı yaşlı adama dönerek elini uzattı: "Siz de hoş geldiniz," dedi.

Eli kısa bir süre öylece havada kaldı. "Tövbe, tövbe," dedi ışlı adam tesbih çekerken. "Bu mendebur karı abdest bozduracak bize. Bu karının kıçı başı her tarafı açık."

Zafer gelen misafirlerine mutfakta çay demlediği için, Zehra'nın geldiğini duymamıştı. Bir anda odanın içinde bir çığlık koptu. İçeriden gelen çığlıkla âdeta bedeni sarsıldı Zafer'in. Elindeki çaydanlığı tezgâhın üzerine attığı gibi içeri koştu. Zehra, sarıklı adama avazı çıktığı kadar bağırıyordu. "Seni aşağılık herif. Seni ırz düşmanı. Seni sapık adam. Yaşından başından utan. Mendebur senin yanında oturan bu baykuş görünümlü karındır. Ben günahkâr biri miyim ki abdest bozayım? Hadi! Kalkın kalkın evimden. Defolun gidin. Gözüm sizi görmesin."

Adam ve çarşaflı karısı ne olduğunu bile anlamadan ayağa dikilmişlerdi. Adam tir tir titriyordu. Karısına döndü. "Şeke-

176

rim düştü. Dilim damağım kurudu. Bana bir bardak su getir,"
dedi. ·

Kadın çevresine bakındı. "Mutfak nerede ola ki bey?"
"Gözüne girsin mutfak," dedi adam sinirli sinirli. "Ne bile-
yim, çabuk koş suyu getir. Ölüyorum. Amanın bu da neydi ba-
şımıza gelen?"

Zafer öylece kalakalmıştı olduğu yerde. "Mutfak burada," di-
yebildi ancak kadına. Kadın bir çırpıda koşup suyu getirdi.
Adam suyu tepesine diktikten sonra, "Elhamdulillâh," dedi eliy-
le sakalına dökülen suyu silerken. "Hadi toparlan avrat, gidiyo-
ruz," dedi.

"Ben hazırım bey," dedi kadın kocasına süklüm püklüm bir
vaziyette.

Zafer, adamın yanına doğru geldi. Şaşkınlıkla, "Nereye ho-
cam? O kadar uzun yoldan geldiniz. Bir bardak çay bile içmedi-
niz daha," diyebildi.

"Yok oğlum, yok. En iyisi biz gidelim. Şeytanla aynı çatı al-
tında kalınmaz. Bu kadının içine şeytan girmiş. İstanbul gurbet
yeri. Buranın yolunu izini bilmeyiz. En iyisi sen bizi gideceğimiz
yere bırakıver Allah rızası için."

Zehra'nın bütün enerjisi çekilmişti. Daha fazla ağzını açama-
dı. Olduğu yere yığılıp kaldı. Kadın önden çıkarken, eğilip yü-
züne tükürdü. "Tuh sana orospu karı."

Şuurunu iyice kaybetmişti Zehra. Gözyaşları yüzünden aşağıya
doğru akan kadının tükürüğüne karışmıştı. Kadın ve adam önden
çıkarak evi terk ettiler. Zafer kısa bir süre Zehra'nın başında diki-
lip durdu. Zehra, zar zor da olsa başını kaldırıp Zafer'e bakabildi.

"Yazıklar olsun sana," dedi Zafer. "Şu haline bir bak. Acına-
cak haldesin. Fazilet Hanım'ın söylediği kadar varmışsın. Şeytan
senin içine girmiş. O inançsız kalbinde yuva yapmış. Allah'ın
parmağı yok ki gözünü çıkarsın. O da seninle böyle hesaplaşı-

yor. Tuh sana aşağılık karı," dedi ve Zehra'nın yüzüne tükürerek o da evi terk etti.

Bilge o sırada evde yoktu. Barış ise odasında kulaklığı kulağına takıp müzik dinlediği için aşağı katta olan bitenlerden habersizdi.

Bir süre sonra karnı acıktığında aşağı kata mutfağa indi. Evin sessizliği dikkatini çekmişti. Buzdolabının kapağını açtı. Dünden kalan zeytinyağlı dolmayı ağzına attı. Tezgâhın üzerinde ağzı açık duran çaydanlık dikkatini çekti. "Kimse yok mu?" diye seslendi. Bir ses işitmeyince içeri geçti. Odaya girmesiyle birlikte bağırması da bir oldu: "Anne ne oldu sana?"

Zehra boylu boyunca yerde yatıyordu. Bedeni bir buz kütlesi gibi katı ve soğuktu. Tir tir titriyordu. "Neyin var?" diye sordu Barış, yerden tutup kaldırırken annesini. Bir taraftan ise hüngür hüngür ağlıyordu. Çocuk aklı ile ne yapacağını kestiremedi. Koştuğu gibi battaniyeyi getirdi. Annesinin üzerine battaniyeyi örttü ve hemen telefona sarıldı. Tam bir numara çevirirken kapı çaldı. Koşarak kapıyı açtı. "Yine evin içinde mi koştun sen? Bu halin de ne böyle?" diye kardeşine çıkıştı Bilge.

"Annem," dedi Barış ağlarken.

Bilge'nin o anda yüzü bembeyaz oldu.

"Ne oldu anneme?"

"Bilmiyorum."

"Nasıl bilmezsin geri zekâlı. Çabuk çekil önümden."

Bilge, içeri girip annesini yerde öylece yatmış görünce şok geçirdi. Kollarından tutup çekmeye başladı. "Ne oldu? Neyin var anne? Neden böyle buz gibisin?"

Zehra'nın kaybolan şuuru ağır ağır yerine gelmeye başlamıştı. "Bir bardak su getir kızım," dedi kısık bir sesle. Barış mutfağa koştuğu gibi bir bardak su getirdi. Zehra suyu kafasına dikerken, "Bunu o hayvan herif yaptı değil mi?" diye sordu Bilge.

Zehra başını salladı. "Evet."

"Yeter artık," dedi Bilge. "Ona gününü göstermek lâzım."

"Biraz daha büyüyeyim ona gününü göstereceğim," dedi yumruğunu havaya kaldırıp sıkarken Barış.

"Sus sen," dedi kardeşine Bilge. "Şimdi nasılsın anne?"

"Daha iyiyim kızım. Ne olduğunu anlayamadım. Sinirlerim boşaldı galiba."

"Ne oldu yine? Niye kavga ettiniz?"

"Her zamanki şeyler kızım," dedi Zehra ve baştan sona olup bitenleri tek tek anlattı.

"Bu ev bize hiç uğurlu gelmedi anne. Buradan bir an önce taşınalım. Ev, ev olmaktan çıktı. Girip çıkanın haddi hesabı yok. Ev mi yoksa dergâh mı anlamadım. Geçen gün sen üzülmeyesin diye söylemedim. Senin evde olmadığın bir gün bir sürü insan geldi. Tuhaf şeyler yaptılar. Sonra öğrendiğime göre zikir denen bir şeymiş yaptıkları. Onları öyle görünce tüylerim diken diken oldu. Hemen evden çıkıp kaçtım."

"Niye bana söylemedin kızım?"

"Söylesem ne olacaktı anne? Neyi değiştirebiliyoruz ki? Allah aşkına şu haline bir baksana. Seni üzmek istemedim."

"Allah belânı versin senin Zafer," diye beddua etti Zehra. "Bu adam şizofren kızım. Bu adam normal değil artık. Mesleğinin peşinden koşturacağına o hacı senin bu hoca benim, onların peşinden sürüklenip duruyor. Hayatını falcılar yönetiyor. Peşinden gittiği adamların çoğu ilkokul mezunu bile değil. Koskoca bilim adamı bu adam. Onlarla nasıl anlaşıyor vallahi aklım bir türlü almıyor."

"Bırak artık bu adamı anne. Gerçekleri ne zaman göreceksin? Bırak dedim sana." Bilge ağlamaktan daha fazla konuşamadı. Sinirden eli ayağı tutmuyordu.

"Kes kızım boş boş konuşmayı. Beni bir de sen sinir edip durma."

179

"Hep kendi bildiğin doğru: Eninde sonunda bu adamı terk edeceksin. Daha fazla üzülmeden yap şunu. Bizi de çok üzüyorsunuz. Kendine bir şey yapmandan korkuyorum."

Barış olup bitenlere kulak kabartmış, sadece dinliyordu. Aklı olup bitenleri tam anlamıyla kavramıyordu. "Babamla boşanacak mısın?" diye sordu annesine.

"Bak ne yaptın?" dedi sinirli bir şekilde kızına bakarak Zehra. "Hayır oğlum. Öyle bir şey yok."

"Ben babamdan ayrılmak istemiyorum. Bana harçlığımı sonra kim verecek?"

Bilge'ye dik dik baktı Zehra. "Afferim sana. Gördün mü ne yaptığını?"

"Of be yeter artık anne. Öyle konuşsan suç, böyle konuşsan suç. Allah aşkına ne haliniz varsa görün."

"Gel annene bir sarıl."

"Gelmem."

"Hadi gel. Sensiz ben bir hiçim. Beni ayakta tutan senin varlığın."

"Ya ben anne?" dedi Barış. "Beni sevmiyor musun? Ben niye sarılmıyorum sana?"

"Hadi durma. Gel annene sarıl oğlum. Hiç sevmez olur muyum seni?"

Barış koşarak annesinin boynuna sarıldı. "Canım annem benim. Seni çok seviyorum," dedi.

Bilge ve Zehra o sırada göz göze geldiler. İçten içe birbirlerine gülümsediler. "Açım anne," dedi Barış.

"Tamam oğlum. Ablan sana hazırlar şimdi."

"Sen yemiyor musun?"

"Hayır kızım. Ayakta zar zor duruyorum. Bugün psikiyatriste gittim. Bana verdiği ilacı alıp uyuyacağım."

Daha sonra Barış'a dönüp, "Sakın yaramazlık yapıp ablanı üzme oğlum," dedi. "Sen de ödevlerini yap, erken uyu. Yarın sabah okul var."

"Bari bir lokma bir şey ye," dedi Bilge.

"İştah mı kaldı kızım? Elim ayağım hâlâ titriyor. Hadi siz yiyin. Sakın gürültü yapmayın."

Yukarı kata, yatak odasına çıktı Zehra. İlaçları kutusundan çıkardı. Bir tane Zanax aldı. Beş dakika sonra göz kapakları ağırlaşmaya başladı. Ve çok geçmeden uyudu.

Zafer o gece eve gelmemişti. Çocuklar ise sabah erkenden uyanmış, okulun yolunu tutmuşlardı.

Haftanın son iş günüydü. O gün de evde her Cuma olduğu gibi temizlik vardı. Temizlikçi kadın yedek anahtarıyla kapıyı açmış içeri girmişti. İlk önce mutfağa girdi. Getirdiği taze ve sıcak simitleri tezgâhın üzerine bıraktı. Çaydanlığa damacanadan su koydu. Ocağın altını yaktı. Çaydanlığı yanan ocağın gözüne koydu. "Şimdi bir güzel kayna bakalım, ben üstümü değiştirip geliyorum," diye söylendi.

En alt katın temizliğini bitirip orta katın temizliğine başladığında duvardaki saate gözü ilişti. Saat on bire beş vardı. "Amanın, Allah seni kahretmesin!" diye kendi kendine kızarak en alt kata koştu. Çaydanlığa baktı. Çaydanlığın dibinde çok az su kalmıştı. "Ah salak karı, neredeyse çaydanlığın altını yakacaktım."

Getirdiği simitten bir parça ağzına attı. İçeriye kahvaltı sofrasını hazırladı. "Bu saate kadar nerede kaldı bu kadın? Hiç böyle yapmazdı," diye kendi kendine söylenerek en üst kata çıktı. Yatak odasının kapısı kapalıydı. Kapıyı açıp içeri girmekte kararsız kaldı. Bir süre öylece kapının önünde durdu. "Zehra Abla, Zehra Abla," diye seslendi. "Kahvaltı hazır abla. Çayın soğumasın. Aşağıya geliyor musun?"

İçeride derin bir sessizlik vardı. "Bu karı hiç böyle yapmazdı. En iyisi ben odaya gireyim," dedi ve kapıya bir iki kez daha vurduktan sonra içeri girdi. Zehra boylu boyunca yatağın ortasında öylece yatıyordu. Temizlikçi kadının yüreğine bir korku gelip saplandı. Korkudan fısıldayarak Zehra'nın yanına yaklaştı. "Abla, abla... Sen iyi misin? Uyanmayınca merak ettim." Zehra'dan tık yoktu. Kadının içine bu sefer bir ürperti düştü. Olduğu yere çakılıp kaldı. Gözleriyle süzmeye başladı. "Ölmüş mü acaba?" diye içinden geçirdiği sırada nefes alışverişini duydu. "Allah'a şükür, ölmemiş," dedi derin bir oh çekerken.

Yatağın kenarına oturdu. Birkaç kez parmak ucuyla dokundu. "Abla, abla... Hadi kalk. Neyin var senin böyle? Yoksa hasta mısın?"

Zehra'dan yine ses yoktu. Kadın yorganı üzerinden çekip aşağıya attı. Bu sefer sert bir şekilde Zehra'yı dürtmeye başladı. "Eee ama yeter artık uyan abla."

Zehra ağır ağır kıpırdamaya başladı. Gözünü zor da olsa açmaya çalıştı. "Hele şükür," dedi kadın yine derin bir oh çekerken. "Vallahi beni korkuttun abla. Öldün mü diye ödüm koptu."

"Saat kaç?" diye sordu Zehra.

"Bilmem vallahi abla. Demincek baktığımda neredeyse on bir olmuştu."

"Vay be. Desene öğle olmuş. Senin ne işin var burada Melahat?"

"Sesin soluğun çıkmayınca merak ettim abla. Çay bile kaynaya kaynaya suyunu çekti. Ne oldu sana böyle?"

"Sus," dedi. "Git bana bir bardak su getir. İçim yanıyor. Daha önce bir kez daha böyle Kıbrıs'ta olmuştum. Başımı yerden yine böyle kaldıramıyordum," dedi ve öylece kaldı.

"Daha fazla konuşup kendini yorma abla. Aşağı kattan hemen suyu alıp geliyorum," dedi koşar adım aşağıya inerken Melahat.

O anda Zehra'nın beyninde bir şimşek çaktı. Bir yaz akşamı Kıbrıs'ta başından geçen olayı hatırladı. "Ah salak kafam," dedi kendi kendine. "Şimdi her şeyi daha iyi anlıyorum. O akşam içtiğim kahvenin içine ilaç koymuş. İnanmıyorum Allah'ım! Bu orospu falcı meğerse tam bir düzenbazmış."

Daha sonra başucunda duran ilaca elini götürdü. Zanax'ın kutusunu elinde evirip çevirdi. Falcı Fazilet'in hizmetçi kadına söylediği söz aklına geldi: "Hele Zehra Bacı'ya bir kahve yap. Şekeri orta olsun. Benim o özel kahvemden yap."

O anda Zehra'nın yüzünü acı bir gülümseme kapladı. Kendini zavallı hissetti. Başını iki yöne doğru salladı. "Helâl olsun sana," diye içinden geçirdi. "Hakikatten o gece beni mışıl mışıl uyutmuşsun seni aşağılık sürtük."

KALP KRİZİ

Üç gün aradan sonra o akşam eve döndü Zafer. Hiçbir şey olmamış gibi televizyonu açıp akşam haberlerini izlemek için koca kanepenin içine gömüldü. Haberi sunan kadın spiker o sırada İsrail askerlerinin iki Filistinli genci silahla vurarak öldürdüğünü söyledi.

"Kâfir Yahudiler," diye mırıldandı Zafer. "Allah belanızı versin."

"Evet sayın seyirciler, içki şişede durduğu gibi durmuyor ne yazık ki. Şimdiki haberimizde bir sarhoşun trafik polislerine yaşattığı zor anları ekrana getiriyoruz. Dün gece alkolü fazla kaçıran bir vatandaşımız..."

"Pis sarhoş. Zıkkımın köküņü içseydin. Allah senin belanı versin. O halde araba mı kullanılır?" diye yine kendi kendine mırıldandı Zafer. Zehra ve çocuklar o esnada masaya oturmuş akşam yemeklerini yiyorlardı. Bilge ve Barış, babalarına göz ucuyla bakıp kıkırdayarak gülüşmeye başladılar.

"Ne var? Ne gülüyorsunuz?"

"Hiçbir şey yok," dedi Bilge. "Sana gülmüyoruz."

"O zaman gülmeyin."

"Allah Allah, gülmek de mi yasak?"

"Vallahi polis abi ben içmedim. Bak sendelemeden dümdüz yürüyorum," demeye kalmadan sarhoş adam yere yuvarlandı. Zafer de kıkır kıkır gülmeye başladı. "Vallahi bu televizyoncular-dan korkulur. O saatte adamı nasıl da yakalayıp çekmişler. Adamı rezil rüsva eder bunlar."

Zehra olup bitenleri sadece göz ucuyla süzüyordu.

"Babanıza hoş geldin yok mu?"

"Ne hoş geldini," dedi Bilge. "Bir yere mi gittin?"

"Evde yoktum ya kızım."

"Ha, doğru ya. Her zamanki gibi bizi terk edip gittiğini unut-muştuk."

"Akşam akşam sinirimi bozma," diye sert çıkıştı Zafer.

Zehra ve çocuklar birbirleriyle bakışıp durdular. Derin bir sessizlik çöktü. Kimsenin ağzını bıçak açmıyordu. Biraz sonra, "Bamya istiyor musun oğlum?" diye sordu Zehra.

"İstemem anne. Bamyadan nefret ederim."

Zafer barut fıçısı gibi olmuştu. Kendi kendine küfretmeye başladı. "Dinsizin kızı. Ne âhlak kalmış ne terbiye bu kızda."

Zehra'nın yüzünde yorgun bir gülümseme belirdi. Kızmaya başladığı her halinden belliydi. Barış'a bakıp, "Dinsizin oğlu. Neden yaptığım yemeği beğenip de yemiyorsun?" dedi.

Barış hayret dolu bakışlarla annesine baktı. Kavganın çıkaca-ğından adı gibi emindi. "O zaman bir tabak alabilirim anne," dedi kısık bir sesle. Korktuğu her halinden belliydi.

Zafer ayağa kalktığı sırada Zehra da ayağa kalktı. Çocuklar korkmuş gözlerle bir annesine bir babasına bakıyordu. Zehra tencerenin içindeki yağlı kepçeyi eline aldı. O sırada portmantonun olduğu yerde çalan telefonun sesi duyuldu. Zıır, zıır, zıııır... Barış oturduğu yerden fırladı. "Telefon çalıyor, telefon çalıyor..."

Portmantonun önüne geldiğinde telsiz telefonun ahizesine bakınıp durdu. Kısa bir süre sonra sesin babasının ceketinin cebinden geldiğini fark etti. "Baba," dedi. "Ahizeyi niye ceketinin cebine koymuşsun?"

Zafer sinirden olsa gerek daha fazla kendini tutamayıp gülmeye başladı. "Ver bakayım ceketimi bana."

Telefon çalmaya devam ediyordu. Elini ceketin ceplerine sokup çıkarıyordu. "Hay Allah, nereye koydum bu telefonu?"

En son ceketin iç cebine elini soktuğunda telefonu buldu. "Hah, işte burada. Alo."

"Evet, kim olduğunuzu çıkardım. Bu numaramı nasıl buldunuz?"

"Anlıyorum, demek ondan aldınız. Akraba olduğunuzu bilmiyordum. Pazartesi günü, yani yarın hastanede olacağım. Sizi saat 13:30'da bekliyorum. Size de iyi akşamlar."

Telefonu kapatır kapatmaz Zafer, babasının elindeki telefonu kaptığı gibi sağını solunu çevirip incelemeye koyuldu Barış. "Vay be. Baba yoksa bu cep telefonu mu?"

"Evet oğlum."

"Televizyonda gördüm. Ne ilginç değil mi? Şimdi istediğin yerde bununla konuşuyor musun?"

"Hemen hemen oğlum."

"Bu nasıl çalışıyor? Evi bir arasana baba?"

Zafer telefonu alıp evin numarasını çevirdi. "Al," dedi. "Kulağına daya." Barış telefonu kulağına götürdü. Bir-iki saniye sonra evdeki telefon çalmaya başladı. "İnanmıyorum," dedi. "Gerçekten arıyor."

"Ver bana," dedi Bilge heyecanla. "Ben de bakabilir miyim baba?"

"Tabii ki kızım."

Bilge, annesinin yanına koştu. "Baksana sen de anne, ne garip!"

Göz ucuyla telefona bakıp, "Evet," dedi elindeki kepçeyi tencerenin içine koyarken.

Gergin ortam birazcık da olsa yumuşamıştı. Zafer ansızın ortaya bir laf attı: "Bir haftaya kadar taşınıyoruz."

Kısa bir sessizlikten sonra sözleşmişçesine hepsi aynı anda, "Nereye?"

"Ataköy'e."

"Ataköy mü?" dedi Zehra. Kızı Bilge'ye baktı, "Sor bakayım babana. Neden taşınıyormuşuz?"

Bilge, babasına baktı. "Annem diyor ki..."

"Söyle annene kızım. Geçen ay ev sahibi beni aradı. Evi satmak istediğini söyledi. Evi satın almak istiyorsanız size satabilirim dedi. Ben de adama o kadar para bende ne gezer dedim. Dünyanın parasını istedi adam. Şimdi oturduğumuz bu evi başka birisi satın almış. Satın alan adam da evimden çıkın, kendim taşınacağım diyor. Halbuki bütün bunlar hiç hesapta yoktu. Neredeyse kış da kapıya dayandı."

"Söyle babana kızım. Peki biz nereye taşınacağız?"

"Annem diyor ki baba..." Bir anda sustu Bilge. "Of be yeter. Bu saçmalık da ne böyle? Aynı dili konuşuyorsunuz. Bana ne, kendiniz konuşun birbirinizle."

Bu sefer Zafer'in yüzüne bakmadan, "Peki biz nerede oturacağız?" diye sordu Zehra.

"Bugün Ataköy'de bir daire baktım. Ben beğendim. Yarın öğlenden sonra buluşalım seninle. Şayet sen de beğenirsen satın almayı düşünüyorum. Biraz birikmiş param var."

"Ev nasıl?"

"Burası kadar olmasa da epey büyükçe."

"Peki, eşyaları ne yapacağız?"

"Bir kısım eşyayı ya üç kuruş paraya eskiciye satacağız ya da ona buna dağıtacağız."

"Daha yeni taşınmıştık buraya. Ne kadar oturduk ki bu evde?"

"Alan adam çıkın diyor. Yapacak bir şey yok."

"Yarın saat kaçta?"

Ertesi gün Zehra ve Zafer kararlaştırdıkları saatte buluştular. Satın alacakları daire üç katlı bir apartmanın giriş katıydı. Önünde genişçe bir bahçesi vardı. Zehra daireyi görür görmez ısınmıştı. "Ne diyorsun?" dedi Zafer.

"Güzel bir daire. Benim için sakıncası yok."

"Ben söylemiştim abi," dedi emlakçı. "Yenge hanım beğenecek diye."

"Tamam," dedi Zafer. "Söylediğiniz fiyata satın alıyorum."

Birkaç gün sonra apar topar yeni evlerine taşındılar. Ama aksilik yakalarını bırakmadı. Saat gecenin 03:17'sini gösteriyordu. "Neyin var? Niye öyle inliyorsun?" diye sordu Zehra yanında yatan kocasına.

"Biraz sırtım ağrıyor. Taşınırken üşüttüm galiba."

Elini Zafer'in alnına götürdü. "İnanmıyorum, bu nasıl bir ter? Buz gibi olmuşsun."

"Birazdan geçer. Hadi sen uyu."

"Doktora götüreyim mi?"

"Hayır. Endişe edecek bir şey yok. Hadi uyu."

"Tamam öyleyse. Bari üstünü değiştir," dedi ve tekrar uykuya daldı Zehra.

Sırtındaki ağrı dayanılacak gibi değildi Zafer'in. Kısık sesle Zehra'ya seslendi: "Zehra, Zehra... Uyan."

Uyku sersemiyle kalktı Zehra. "Ne var?"

"Nefes alamıyorum artık. Kalk beni hastaneye götür."

Gece yarısı acil servisin önüne geldiklerinde hastanenin önünde bir Allah'ı· kulu bile yoktu. Zehra arabadan indiği gibi bağırarak içeriye doğ u koştu. "Çabuk bir sedye getirin lütfen."

Bir anda hastane görevlileri üşüştü Zehra'nın başına. "Hasta nerede? Neyi var?"

"Bilmiyorum," dedi. "Sırtı ağrıyor galiba."

Doktorlardan biri dışarı arabaya doğru koşarken, "Elinizi çabuk tutun. Kalp krizi olabilir," diye bağırdı telaşla.

Hasta bakıcı arabanın arka koltuğunda uzanan Zafer'i tuttuğu gibi çekip sedyenin üzerine yatırdı. "Aaaa inanmıyorum," dedi nöbetçi doktor. "Bizim Zafer Hoca değil mi?"

Hiç zaman kaybetmeden EKG'si çekildi. EKG sonucunu gören nöbetçi doktorun yüzü bir anda asıldı. "Hemen yoğun bakımdakilere haber verin. Durumu kritik olan bir hastamız var."

O gecenin sabahı Zafer'i apar topar ameliyata almışlardı. Her şey çok ani geliştiği için kimseye haber bile verememişti Zehra. Öğleye doğru kız kardeşi Zerrin ve annesi gelebilmişti sadece. "Durumu nasıl?" diye sordu Zerrin.

"Bilmiyorum. Her şey o kadar çok ani oldu ki. Üç tane damarı yüzde doksan tıkalıymış. Şimdi by pass yapıyorlar."

"Geçmiş olsun," dedi annesi. "Yapabileceğimiz bir şey var mı? Sen çok bitkin gözüküyorsun kızım."

"Sadece dua edin anne. Bir de ailesine haber verin."

Tam tamına altı saat sürmüştü ameliyat. Ameliyatı gerçekleştiren ekibin başındaki doktor bir süre sonra kapının önünde belirdi. Doktoru görür görmez ona sarıldı Zehra. "Durumu nasıl Necati Abi?"

Eski bir tanıdıklarıydı Doktor Necati Bey. Zehra'nın yanaklarından öptü. "O angut kocan beni biraz hırpaladı ama durumu gayet iyi. Birkaç haftaya kalmaz turp gibi olur. Ama bundan sonra yaşantısına dikkat etmesi gerekecek."

Zehra'nın o an sevinçten iki damla yaş aktı gözlerinden. Ne söyleyeceğini bilemedi. "Sana şükürler olsun Allah'ım," diyebildi ancak kendi kendine.

KONYA

Zafer'in ameliyatının üzerinden iki ay geçmişti. Kış soğuk yüzünü iyiden iyiye göstermiş, İstanbul karlar altında kalmıştı. O sabah Zehra işe gitmemişti. "Hele şükür be abla," dedi temizlikçi Melahat. "Nihayet kalkabildin."

"Saat kaç?"

"Öğleye geliyor abla. Duymuyor musun sela ezanı okunuyor."

"Böyle havalarda insan yataktan dışarı çıkmak istemiyor. Simit aldın mı kız?"

"Aldım almasına ama soğuktan neredeyse donmuş. Hava o kadar soğuk ki, tükürsen yere düşmez vallahi."

"İlk önce bana bir bardak çay versene. Bir sigara yakayım yanına."

"He abla bir tane de ben tüttüreyim."

Bir koşu çayı alıp geldi Melahat. "Evden memnun musun abla?"

"Aman boş ver kız evi. Önemli olan insanın mutluluğu. İki ay öncesine kadar villada oturuyordum da ne oldu? Her Allah'ın günü kavga. Hiç eve gelmek istemiyordum. Ayaklarım her gün geri geri gidiyordu."

"Şimdi nasıl aranız?"

"İyi. Ama böyle gitmeyecek. Bunu hissediyorum. Beyefendi tam bir iyileşsin göreceğiz."

"Aman abla ağzından yeller alsın. İnşallah öyle şey olmaz. Yıllardır hep çektin bu adamdan."

"Olur, olur ablası olur. Sen hiç merak etme. Ben malımı bilirim."

"Bu erkekler neden böyle abla? Benim herif de öyle. Bana hiç ilgi göstermez. Sanki başka biriyle evli. İki güzel laf bile etmedi bu zamana kadar. Eee, sonuçta ben de bir kadınım. Güzel bir çift söz duymak isterim. Benim herif o kadar cimri ki, iki güzel laf söylese cebinden para çıkacağını sanır."

İki kadın gülüşmeye başladı. "Off off. Eskidik kızım eskidik. Eskiye rağbet olsaydı bit pazarına nur yağardı demişler. Bırak şimdi zevzekliği de kahvaltıyı yapalım. Sonra da sana biraz yardım edeyim. Dolapların içindeki gereksiz eski kıyafetleri ayırıp fakir fukaraya vermek istiyorum. Bugün benim eskileri ayıklama günüm olsun kız, madem işe gitmedik."

"Tamam abla," dedi Melahat.

Zehra kahvaltıyı yaptıktan sonra yatak odasından işe başladı. Bir sürü hiç giyilmemiş kıyafet çıkarıp yere attı. "Yazıklar olsun bana," diye kendi kendine söylendi.

"Bir şey mi dedin abla duymadım?" dedi Melahat.

"Yok kız. Sen işine bak. Kendi kendime konuşuyorum. Zamanında ne kadar gereksiz alışveriş yapmışım onu söylüyorum."

Gardırobun diğer bölümünü açtığında Zafer'in fi tarihinden kalan ceketlerini gördü. "Bu ceketler hâlâ duruyor mu? En iyisi bunları da birilerine vermek."

Gardıroptan dört tane ceket, yedi tane gömlek, üç tane de kravat çıkarıp yere attı. "Kız Melahat," diye seslendi.

"Efendim abla."

"Bir dakika gel buraya."

Melahat koşarak geldi. "Efendim abla."

"Bak bakayım. Burada işine yarayan bir şeyler varsa al."

"Allah senden razı olsun abla. Bir bakayım."

Bedenleri hemen hemen Zehra ile aynı olduğu için birçok kıyafeti seçip aldı. Bazılarını ise almayıp bıraktı. "Kız abla bunları giyinsem o öküz kocam beni vurup öldürür vallahi. Sırtları biraz açık."

Daha sonra ceketlere tek tek bakmaya başladı. "Bu ceketler bizim öküze olmaz ama kardeşlerime olur," dedi ve ceketlerden birini eline aldı.

"Beğendiysen hepsini alabilirsin," dedi Zehra.

"Eskinin gözünü seveyim," dedi elinde tuttuğu cekete bakarken Melahat.

"N'oldu kız? Eskinin nesi var?"

"Baksana abla. Eline aldığında bir ağırlık hissediyorsun. Kumaşı kaliteli. Şimdikilerin kumaşı Şile bezi gibi ipincecik."

"Kız öyle şey olur mu? Ver bakayım bana."

Ceketi eline aldığında gerçekten de bir ağırlık hissetti Zehra. "Allah Allah," dedi. "Kız bu gerçekten de ağır. Ötekisini ver bakayım bana."

Bir elinde ağır olan ceketi diğer elinde ise başka bir ceketi tuttu. Ağır olan ceketi yatağın üstüne koydu. "Bu ceketin içinde bir şey var. Böyle ağır bir ceket olur mu?" dedi.

"Kumaşının kalitesindendir abla."

"Kız böyle ağır bir kumaş olur mu hiç? Bunu giyindiğin zaman insanın omzu çöker be."

Zehra ceketin ceplerine elini sokup karıştırdı. Her elini sokuşunda bir hışırtı sesi duyuyordu ama bir şey bulamıyordu. Cepleri iyice kontrol ettikten sonra bir şey bulamadı. "Kafayı yiyeceğim," dedi. "Bu cekette bir şeyler var."

"Kız abla işine karışmak gibi olmasın ama astarının içine baktın mı?"

Ceketin astarına baktığında herhangi bir anormallik yoktu. "Sökük yok. Koş bana bir makas getir."

Ceketin astarını söktüğünde şaşkınlıktan donup kaldı Zehra. "Abla iyi misin?" dedi.

O anda sesi acı doluydu Zehra'nın. "Hiç bilmiyorum. Kafayı yememek elde değil. Baksana şu ceketin içine."

İki adım ileri çıkıp, ceketi gördüğünde, "Aboo! Dolarlara bak. Kaç dolar var abla burada?" diye sorabildi şaşkınlıkla Melahat.

* * *

O günün akşamı...

"Bana da cep telefonu alır mısın baba?" diye sordu Barış akşam yemeğini yerken.

"Hayır," dedi Bilge. "Senin yaşın daha küçük. Artık genç kız sayılırım ben. Bana alır mısın baba?"

"Şu salatayı uzat bana," dedi Zafer. "Söz sana kızım. Seneye üniversiteyi kazandığın zaman alacağım."

"Aman baba. Daha üniversite sınavına çok zaman var."

"Ona alma baba," dedi Barış. "En iyisi sen bana al. İlk önce ben söyledim."

"Paramız yok oğlum. Daha evin borcunu bitiremedim."

"Susun bakayım," diye çıkıştı Zehra çocuklarına. "Babanızın parası yokmuş baksanıza."

"Vallahi de yok billâhi de yok. Anneniz doğru söylüyor."

Zehra hemen lafı değiştirdi. "Dün gece çok garip bir rüya gördüm."

"Hayır olsun," dedi Zafer. "Ne gördün?"

"Senin eski püskülerini bir eskiciye satıyorum. Sonra sen akşam eve geliyorsun. Benimle şey için kavga ediyorsun."

Zafer'in yüzü kireç gibi olmuştu. "Eee anlat," dedi rüyanın devamını. "Ne için kavga ediyorum?"

"Şey için."

Zafer'in heyecandan nefes alıp vermesi hızlanmıştı. "Ne için?"

"Güya sen ceketin içine bir sürü dolar saklamışsın. Ben de bundan habersiz ceketi üç kuruşa eskiciye satıyorum."

"Böyle bir şey olamaz. Satamazsın," dediği gibi ayağa fırladı Zafer. Hemen yatak odasına koştu. "Babamın nesi var anne?" diye sordu Bilge.

"Siz yemeğinizi yiyin. Ben şimdi geliyorum," dedi Zehra çocuklarına.

Zehra, yatak odasının kapısından içeri girdiğinde Zafer harıl harıl ceketi arıyordu. "Ne yapıyorsun?"

"Ceketi arıyorum."

"Neden?"

"Şey için."

"Ne için?"

"Sen de mi yoksa tuhaf bir şeyler görüyorsun benim gibi? Evliya mısın? Yoksa o rüyayı neden göresin?"

"Saçmalama," dedi Zehra. "Ne evliyası? Evliyalık bana değil seninle o Fazilet karısına gelmiş bir tek. Parayı boşuna arama. Çekmecede."

Zafer aramayı bıraktı. "Senden de hiçbir şey saklanmıyor bu evde. Nereye ne koysam o saatte bulup çıkarıyorsun?"

"O kadar paranın ne işi var ceketin içinde?"

"Ya nereye koyacaktım?"

"Banka ne güne duruyor?"

"Ben faize para yatırmam. Günah."

"Be adam sen de. Bir tek Müslüman sen misin? Herkes parasını faize yatırıyor."

"Ben bankaya para yatırmam. İnançlarıma ters."

"Peki öyle olsun. Yine tartışmak istemiyorum. Ne halin varsa gör. Dua et de, ceketi eskiciye vermedim. Al paranı başına çal. Kuruşuna bile dokunmadım."

Ertesi gün Zafer erkenden kalkmış, küçük bir valiz hazırlayıp kapının önüne koymuştu. Telefonla bir taksi çağırdı. O esnada Zehra tesadüfen bir bardak su almak için mutfağa gittiğinde camdan, Zafer'in bir taksiye bindiğini gördü.

Hemen telefona doğru koştu. Cep telefonunun numarasını çevirdi. Cebi kapalıydı. Daha sonra üst üste birkaç kez daha aradı; ama telefon kapalıydı. Sinirden çılgına dönmüştü. Birkaç saat sonra tekrar aradığında bu sefer cep telefonu çalıyordu.

"Neredesin?" dedi sert bir ses tonuyla.

Zafer çoktan anlamıştı arayanın Zehra olduğunu.

"Konya'da."

"Ne? Bu kış günü ne işin var orada?"

"Mevlâna Hazretlerini ziyarete geldim."

"Alo, sesin duyulmuyor. Kimi ziyarete gittin?"

"Mevlâna Hazretleri'ne geldim."

"Nerede kalıyorsun?"

"Meram'da bir arkadaşımın evinde."

"Kimmiş o arkadaşın? Haber vermeden kafana göre nasıl çekip gidersin? Senin bir ailen var. Aşağılık adam. Yeter artık bıktım senden."

Zafer telefonu Zehra'nın suratına kapattı.

Zehra tekrar aradı. Ama bir daha Zafer'e ulaşamadı.

Hemen havayolları şirketini aradı. Aynı gün Konya'ya kalkacak olan bir uçak olup olmadığını sordu. Akşam saat 20:00'de bir uçak vardı. Hem gidiş hem de sabahı dönüş için bir bilet ayırttı. Akşam Konya'ya vardığında hava, soğuk ve karlıydı. Bir taksiye bindi. "Nereye abla?" dedi şoför.

"Meram."

Zehra tahmin etmişti Zafer'in falcı Fazilet'e geldiğini. Nasıl olsa Konya, falcı Fazilet'in baba toprağıydı.

Şoför Meram'a doğru arabasını sürdü. Meram'a geldiklerinde tipiden göz gözü görmüyordu. "Mahalle neresi abla?"

"Bilmiyorum," dedi Zehra.

Şoför kafasını çevirip arkaya baktı. Göz ucuyla Zehra'yı inceledi. "Şaka mı yapıyorsun abla? Adres olmadan nereye gideceğiz?"

"Biliyorum haklısın kardeş. Ama durum biraz karışık. Anlatsam da anlamazsın. Falcı Fazilet diye bir kadını arıyorum."

"Allah Allah," dedi şaşkınlıkla şoför. "Bu kış günü bu saatte her taraf kapalı. Kime sorsak ne etsek? Allah'ın bir kulu da yok ki sokakta kadının kim olduğunu sorasın?" diye kendi kendine sinirden söylenmeye başladı şoför.

"Dur," dedi çabuk Zehra. "Bir tane nöbetçi eczane gördüm. Belki onlar bilebilir."

"Sen otur," dedi şoför. "Neydi kadının ismi? Falcı Fazilet mi?"

Şoför paltosunun yakasını yukarı kaldırıp eczaneye koştu. Geri döndüğünde yüzü soğuktan mosmordu. "N'oldu?" dedi Zehra.

"Ben böyle bir soğuk görmedim abla. Allah fakir fukaranın yardımcısı olsun. İleride bir taksi durağı varmış. Eczacı kalfası bilemedi. Bir de onlara soralım."

Taksi durağına geldiklerinde duraktan çıkmakta olan bir şoför yanlarına yaklaştı.

"Hayrola kardeşim. Nereyi arıyorsun?" diye sordu.

"Falcı Fazilet'in evini."

"Falcı diye birisi yok ama Kıbrıslı Fazilet isminde bir ablamız var.".

"Yok," dedi şoför. "Kıbrıslı olanını aramıyoruz."

Kıbrıslı kelimesini duyunca, "Dur," dedi Zehra şoföre. "Bizim aradığımız kadın o."

"O zaman beni takip edin," dedi şoför. "Ben de o tarafa doğru gidiyorum."

Tripleks bir villanın önünde durdu şoför. Arabadan indiği gibi yanlarına doğru koştu. "Aradığınız ev burası," dedi.

"Tamam," dedi şoför. "Allah razı olsun."

"Burasıymış abla."

Eliyle taksinin buğulanmış camını sildi, eve baktı Zehra. "Emin misin?" dedi. "Benim aradığım kadın çok fakir birisi."

"Bilmem abla. Gördün işte. Ben de diğer taksicinin yalancısıyım."

"Al şu paranı ama beni burada bekle n'olur."

"Olur abla. Ama fazla geç kalma."

Zehra bahçe kapısından içeri girdi. Çıkan tipide zar zor yürüyordu. Soğuktan donduğunu hissetti. "Demek meşhur Meram bağlarının olduğu yerler burası. Ama falcı Fazilet'in ne işi var burada? O fakir mi fakir birisiydi. Burası kendi evi olamaz herhalde," diye aklından geçirdi. Kapının önüne geldiğinde neredeyse soğuktan uyuşan parmağıyla zile basıp bekledi.

İçeriden bir ses duyuldu. "Kim o?"

"Tanrı misafiri. Ne olur kapıyı açın," dedi

Kapıyı hiç tanımadığı bir kadın açtı.

"Kimi aramıştınız?"

"Fazilet Hanım'ı."

O anda, "Kimmiş o gelen kızım?" diye Fazilet'in sesi duyuldu içeriden.

"Hele şükür," dedi Zehra. "Doğru adrese gelmişim."

"Misafirinizmiş hanım ağa."

"Bu saatte kim olur?"

Birkaç saniye sonra kapının önünde belirdi Falcı Fazilet. Zehra'yı kapının önünde görünce şok oldu. "Ne işiniz var burada?"

"Kocam burada mı?"

"Evet. İsterseniz içeri buyurun."

"Girmem içeriye," dedi kızgınlıkla Zehra. "Beni uyutmak için yine kahvenin içine Zanax hapından mı atacaksınız?"

İlacın ismini duyduktan sonra yüzü kireç gibi oldu falcı Fazilet'in.

"Siz," demeye kalmadan, "Sus aşağılık karı," dedi Zehra. "Bakıyorum da villada yaşıyorsun. Kıbrıs'ta topla paraları burada yaşa. Helal olsun vallahi sana. Külçe altınların nereye gittiği şimdi anlaşıldı. Yediğin o paralar zehir zıkkım olsun sana. Burnundan fitil fitil gelsin."

Fazilet, kapının önünde buz kesmiş gibiydi. Zehra'nın söylediği sözler bir tokat gibi suratında patlıyordu. Zafer, söylenen her şeyi duymuştu. Koşarcasına kapıya geldi. "Burayı nasıl buldun?" dedi o şaşkınlıkla. Zehra, kocasının yüzüne tükürdü. "Tuh sana aşağılık herif. Yazıklar olsun sana verdiğim emeğe. Git paralarını bu üç kâğıtçı karıya yedir," dedi ve ağlayarak hızla arkasını dönüp kapının önünde bekleyen taksiye doğru koştu.

Bahçe kapısını açıp dışarı çıktığında şoför ortalıkta gözükmüyordu. Sanki bir anda sırra kadem basmıştı. Bir sağına bir soluna bakınıp durdu yaşlı gözlerle. "Seni orospu çocuğu," diye sokağın ortasında bağırıp durdu. Tipiden gözlerini açamıyordu. "Ben şimdi ne yapacağım Allah'ım," diye yalvarıp duruyordu ki, arkadan belini bir el kavradı. Soğuktan buz kesen vücudu bu sefer korkudan kaskatı kesilmişti. Kendisini ileri doğru attı.

"Dur," dedi Zafer. "Korkma benim."

"Bırak beni aşağılık adam. Senden nefret ediyorum. Bu kış günü ne işin var burada? Bu kadın senin için neden bu kadar önemli? Benden ne saklıyorsun?" dedi ağlarken.

O anda bütün gerçekler Zafer'in dilinin ucuna kadar gelmesine rağmen Zehra'ya itiraf edemedi. "Falcı Fazilet artık imam nikâhlı karım," diyemedi.

Kısa bir süre sonra aklı başına geldiğinde, "Bekle bir dakika beni. Valizimi alıp hemen geliyorum," dedi Zafer.

İçeri girdiğinde Zafer soğuktan tir tir titriyordu. "O şeytan karı kafayı yemiş," dedi falcı Fazilet. "Sana daha önce de söyledim. Boşa gitsin bu inançsız karıyı. Hem de bir an önce."

Zafer hiç sesini çıkarmadı. Arka odaya girip küçük valizini aldı. Tekrar geri döndüğünde, "Bu ne hal? Karını bırakıp nereye gidiyorsun?" dedi Fazilet ağlayarak.

Nefret dolu gözlerle Fazilet'e baktı Zafer. Sonra var gücüyle bir tokat attı suratının tam ortasına. Falcı Fazilet dengesini kaybedip yere düştü. Zafer bir tekme attı falcı Fazilet'e. "Kimin şeytan olduğu belli sürtük karı. Şimdi yeni yeni anlıyorum benden her defasında neden uyku hapları istediğini. Evine gelen herkese yıllarca aynı numarayı çevirmişsin desene. Yazıklar olsun sana. Seni Allah'ın huzurunda boşuyorum. Beni de yine günaha soktun."

Falcı Fazilet, Zafer'in ayağına sarıldı. "Ne olur beni bırakıp gitme," dedi hüngür hüngür ağlarken.

Zafer, ayağını çekerken bir tekme daha attı. Ve arkasını dönüp gidecekken üç kez, "Boş ol," dedi falcı Fazilet'e.

Zafer koşarak Zehra'nın yanına geldi.

"Beni burada bir başıma bıraktığını düşündüm," dedi Zehra soğuktan tir tir titrerken.

200

Zafer o sırada etrafına bakındı boş bir taksi çevirmek için. Daha sonra sessizce, "Seni bir daha bırakmam," dedi. "Artık çok geç," dedi Zehra. "Sana geçmiş olsun!" "Bırak konuşmayı," dedi Zafer. "Biraz daha kalırsak donacağız burada. Biran önce taksi bulmamız gerekiyor." Zehra daha fazla konuşamadı soğuktan. "Az ileride bir taksi durağı var," diyebildi ancak.

Otel odasından içeri girdiklerinde soğuktan zangır zıngır titriyorlardı. İkisi de bitkin ve yorgun düşmüştü. Üstündeki kıyafetleri çıkarmaya çalıştı ama parmakları soğuktan buz kesmişti Zehra'nın. Ellerini birbirine sürterek ısıtmaya çalıştı. Banyoya girdi. Sıcak suyun altında yarım saate yakın kaldı. Banyodan çıktığında üzerine bir ağırlık çökmüştü. Birkaç dakika sonra yorgunluktan yatakta sızıp kaldı. Gecenin bir yarısı gözlerini açtığında Zafer'in kulaklarına fısıldayan sesini duydu: "Seni seviyorum!" Çok uzun zaman olmuştu bu sözleri duymayalı. Yıllar önce kırılan kalbi bir anda ürperdi. Söylenen aşk dolu sözleri samimiyetsiz buldu. Bir zamanlar çok sevdiği adamdan iğrendiğini düşündü. Daha sonra vücudunu sımsıkı saran kolları geriye iterek, "Sana inanmıyorum. Seven insan sevdiğine acı çektirmezmiş. Kaç zamandır sayende gülmek bana haram oldu. Geriye gözyaşından başka hiçbir şey bırakmadın bana. Artık senden nefret ediyorum. Buraya kadarmış artık bizim birlikteliğimiz," dedi.

"Sana kendimi nasıl affettirebilirim? Sana yalvarıyorum. Ne olur? Beni bağışladığını söyle."

"Sus," dedi Zehra, Zafer'e. "Tüylerimi diken diken ediyorsun. Birlikte bir ömrü paylaştık, bir türlü biz olamadık nedense."

"Saçmalıyorsun," dedi Zafer. "Aklını başına topla."

"Evlenmek sana göre değilmiş," dedi Zehra. "Yeni yeni anlıyorum bu gerçeği."

201

"Güldürme beni," dedi Zafer. "Ben evlilik için en doğal adaydım oysa. Can atan, çırpınan bir aday."

Zehra, "Sen artık benim tanıdığım kocam değilsin. O geçmişte kaldı. Hâlâ gerçeği görmek istemiyor musun? SÖZÜMÜZ BİTTİ."

Zehra yavaşça Zafer'den çözüldü. Birkaç karış öteye gitti. Ağlamak istiyordu ama gözleri yaşlanmıyordu nedense. Belki de ilk kez ağlamayı, rahatlamak için yeterli bulmuyordu. Başka bir şeyler yapmak istedi. Sıçradı ansızın oturduğu yatağın içinde. Başını çevirdi, boş boş gözlerle Zafer'e baktı.

"Anlaşıldı," dedi öfkeli bir ses tonuyla. "Kuşkularım doğruymuş. Beş yıl önce seni terk etmeliydim. Ama çocuklarımız için yapamadım. Dürüst olmanın tadına varamıyoruz şimdi. Dürüst olamamışlığımızın acısı içimi yakıyor. Ne olur, sürükleme beni de ardından. Bulaştığın pisliğe ortak etme beni de. Senden son bir ricam var. Senin olmadığın yeni hayatımda, 'sorumsuzluk satın almak istiyorum'. Çocuklara hiç olmazsa babalık görevlerini yap. Onların bize ihtiyacı olduğu dönem şimdi. Tek başıma iki çocuğun sorumluluğunu taşıyamam. Beni hiçbir zaman düşünme. Kendime karşı kaybettiğim saygıyı tekrar ancak sensiz bulabilirim."

Zehra biraz daha öteye gitti. Zafer iyice yanına sokulmaya çalıştı.

Zafer'i itti. "Uzak dur benden. Yılan gibi soğuk geliyorsun artık."

Zafer'in boşlukta kalan kolu, yavaş yavaş indi. Bir şey söyleyemedi. O sırada ezan okunmaya başladı; ki o bile dağıtmaya yetmiyordu karanlığı. Karların aklığı parlatmasa, zifiri olacaktı gecenin sonu.

"Bak," dedi Zafer başını Zehra'ya çevirdiğinde. "Yalvarırım sana, dinle beni. Anlatacaklarım çok önemli..."

"Önemli olduğundan kuşkum yok," dedi sakince Zehra. "Önemli olan şu anda ezanın okunması. Bu gece ellerin bana istemeden de olsa dokundu. Namaz kılmayacak mısın? Git banyoya. Temizlen. Abdestini al."

Zafer yataktan doğruldu. Sessizce banyonun yolunu tuttu. Zehra, kendisi ile baş başa kalmıştı. Bir an için üşüdüğünü hissetti. Geceden beri yorgun ve uykusuz kalan vücudunun üstüne yorganı çekti.

Sabah uyandığında yanı başında bir not buldu: "Mevlâna Hazretlerinin kabrini ziyaret edip birazdan geliyorum."

"Sen ziyaret etmene devam et," diye kendi kendine konuştu Zehra. Yataktan hemen kalktığı gibi toparlandı. Aşağıya resepsiyona indi. Resepsiyon görevlisine odanın anahtarını uzatırken, "Kocam bu gece de kalacak galiba. Fakat benim ayrılmam gerekiyor. Beni havaalanına götürmek için bir taksi çağırır mısınız?" dedi.

İNTİHAR

❦

Zehra'nın bindiği uçağın tekerlekleri Atatürk Havaalanı'nın pistine değdiği anda Zafer otel kapısından içeri girdi. Hiç resepsiyona uğramadan doğru yukarı kaldıkları kata çıktı. Oda kapısını birkaç kez vurdu. "Allah, Allah. Nerede bu kadın?" diye söylenerek resepsiyona indi. Resepsiyon görevlisi Zafer'i görür görmez, "Siz de ayrılıyor musunuz bugün?" diye sordu gülerek.

"Hayrola," dedi Zafer bir anlam veremeden. "Başka kim ayrılmış?"

Resepsiyon görevlisi bir anda ciddileşti. "Bir saniye," dedi önündeki kâğıtlara bakarken. "Bilmiyor musunuz eşiniz ayrıldı efendim."

"Ne? Ayrıldı mı? Ne zaman?"

"Birkaç saat önce. Belki de uçağı bu saatlerde Atatürk Havaalanı'na inmiştir. Siz bu gece de kalacak mısınız?"

"Allah kahretsin," diye söylendi Zafer. "Bugün İstanbul'a başka bir uçak var mı?"

"Şayet kötü hava koşulları yüzünden iptal olmadıysa kalkacak bir uçak var. Telefon açıp teyit ettirmem gerekiyor. Bir dakika bekler misiniz?"

* * *

Uçak aprona yanaşıp kapısı açıldığında uçaktan ilk inen Zehra oldu. İstanbul karlar altında kalmıştı. Dün geceden beri lapa lapa yağan kar, şiddetini artırarak yağmaya devam ediyordu. Zehra, bir taksiye atladığı gibi eve geldi. Çocuklar Pazar günü olduğu için kurstaydılar. Eli ayağı soğuktan buz kesmişti. "Bu kış günü bunları bana yaşatmak zorunda mıydın Allah'ım? Yeter, yeter, yeter... Sana yalvarıyorum. Yeter artık. Dayanacak gücüm kalmadı. Ne olur beni sınamaktan vazgeç. Benden buraya kadar. N'olur beni affet Allah'ım!" diye kendi kendine konuştu sitemkâr bir tavırla. Gözleri yine dolu dolu olmuştu.

Mutfağa geçti. Birkaç tane büyük boy çöp torbası aldı. Zafer'in birkaç parça öte berisini torbalara koydu. Arabanın anahtarını alıp dışarı çıktı.

Arabanın bagajını açtı. Torbalardan birisini bagaja koyarken dikkatini çeken bir şey oldu. Ucu hafifçe dışarı kıvrılmış paspası ucundan tuttuğu gibi yukarı kaldırdı. Stepnenin olduğu bölümde bir çanta buldu. Çantanın fermuarını açtı. "Bay sürpriz koca," diye acı acı gülümsedi. "Sen bir orospu çocuğusun. Bu kadar dolar ve markın bagajda ne işi olabilir ki? Doğru ya. Nasıl da düşünemedim? Faiz almak günah. Bu paralar benim çocuklarımın rızkı. Biri arabayı çalıp gitse ne yapacaksın hayvan oğlu hayvan?"

O sinirle diğer poşetleri bagaja fırlattı. Hızlı hızlı yürüyerek apartman kapısının önüne geldi. Kapıcı ziline bastı. "Kim o?" diye sordu kapıcı. "Kâzım efendi yukarı gelir misin?"

205

Kapıcı sesinden anladı Zehra'nın olduğunu. Koşarak yanına geldi. "Hayrola, Zehra Hanım. Hiç iyi görünmüyorsunuz? Yoksa hasta mısınız?"

"Yok, Kâzım efendi. Hasta masta değilim. Benimle içeri gel." Kapıcı arkasından içeri girdi. "Salona gel," dedi Zehra. "Bugün sana piyango çıktı."

Şaşkın şaşkın yüzüne baktı Zehra'nın. "Anlamadım, piyango mu?"

"Evet."

"Ne piyangosu Zehra Hanım. Bana piyango çıktıysa neden benim haberim yok?"

"Şimdi var," dedi ne yaptığını bilmeden Zehra. "Bu salondaki eşyaları sokağa atacağım. İstediğin eşyayı al."

Kapıcı serseme dönmüştü. Şaşkınlıktan afallayıp kalakaldı. "Bu kış günü sokağa eşya mı atılır hiç?"

"Atılır, atılır. Yakında başka akraban var mı?"

"İki blok ötede bacanak var."

"Onu da çağır gelsin."

. Kapıcı bir an için tereddüt etti. "Şimdi siz gerçekten evinizin eşyalarını mı dağıtıyorsunuz?"

Yorgun bir gülümsemeyle kapıcının yüzüne baktı Zehra. "Çok soru sorma. Al eşyaları git dedim sana."

Sonunda kapıcının aklı başına gelmişti. "Vallahi bu kadın ciddi. Kafaya koymuş bir kere," diye aklından geçirdi solgun gözlerine bakarken Zehra'nın.

"Ben hemen geliyorum," dedi kapıcı koşarken. Beş dakika sonra ailesinden herkes evde toplanmıştı. "Her şeyi alabilir miyiz?" diye sordu kapıcının karısı Zehra'ya.

"Salonda ne var ne yoksa hepsini alın."

Yirmi dakika sonra salonda tek bir çöp bile kalmamıştı. "Hadi gidin artık," dedi Zehra. "Allah sizden razı olsun," dedi kapıcının karısı. Zehra başını salladı. Hiç zaman kaybetmeden kapıyı arkadan kilitledi. Arka odadan kırmızı bir minder getirip, boş salonun ortasına koydu. Bir kâğıt, bir kalem aldı. Bir şeyler yazmak istedi ama o anda içinden hiçbir şey yazmak gelmedi. Bunun farkına vardığında acı acı gülümsedi. "Yazacak ne kalmış ki geriye?" diye aklından geçirdi. Yine de bir iki kelime de olsa yazabildi.

Bilge kurstan çıkıp eve gelmişti. Elinde tuttuğu anahtarı kapı deliğinden içeri soktu. Ama anahtar bir türlü delikten içeri girmiyordu. "Nasıl olur?" diye düşündü. Birkaç kez kapı zilini çaldı. Kapıyı açan olmadı. Kapıcının ziline bastı. "Kim o?"

"Benim Kâzım Abi. Yukarı kadar gelir misin?"

Kapıcı yukarı çıktı. "Hayrola Bilge. Ne var?"

"Kapıyı açamıyorum. Halbuki bu sabah kilitleyip çıkmıştım."

"Annen içeride ya kızım. Sağ olsun bize de eşyalarınızın bir kısmını verdi."

"İçerde mi? Eşyalar mı? Sen neden bahsediyorsun Kâzım Abi? Evin eşyalarını neden versin ki size?"

Kapıcı Kâzım'ın yüzü dışarıda yağan kar gibi bembeyaz olmuştu. "Ne bileyim kızım. Neredeyse zorla elimize tutuşturdu."

Kapıcı Kâzım şaşkınlığını çabuk üzerinden atmıştı. "Bana hemen anahtarını ver," dedi.

Bilge'nin elinden anahtarı kaptığı gibi kapıyı açmayı denedi. Ama nafile. Kan ter içinde kalmıştı. "Ah, geri zekâlı kafam. Tuhaf bir şeyler olduğunu anlamıştım zaten."

Bilge ağlamaya başladı. "Ağlama kız," dedi kapıcı. "Bir de seninle uğraşmayayım. Mutfak kapısından içeri girmeyi deneyelim."

Kapıcı ön tarafa doğru koştururken Bilge de arkasından koştu. Mutfak kapısının önüne geldiğinde, "Hay Allah," dedi kapıcı. "Demir parmaklıklar varmış. Şimdi ne yapacağız?"

"Bir çilingir çağıralım," dedi Bilge.

Bilge'nin yüzüne baktı. "Bugün Pazar. Nereden bulacağız çilingiri?"

Bilge soğukkanlılığını yitirmişti, tekrar ağlamaya başladı. Kapıcının eli ayağına dolaştı. Alnından şakır şakır ter akıyordu. "Elim ayağıma dolaştı be kızım. Ne olur ağlama? En iyisi kapıyı kıralım."

"Kır," dedi Bilge boğuk bir ses tonuyla.

"Bir dakika," dedi kapıcı ve bodrum katından baltayı aldığı gibi yukarı çıktı. Kapıya sağlı sollu baltayı sallamaya başladı. Birkaç dakika sonra kapı paramparça olmuştu.

Salona girdiklerinde Bilge, annesini cansız bir şekilde yerde yatar halde görünce şoka girdi. Kapıcı elinde baltayla boş boş gözlerle bakınıp durdu. "Annemin ağzından neden beyaz beyaz köpükler geliyor Kâzım Amca?"

Kapıcı Kâzım boş salonun içine dağılmış hapları görünce ağlamaya başladı. "Annen..." demeye kalmadan üst kattan aşağı kata homurdanarak inen komşuların sesleri duyuldu. Komşular kırık kapıdan içeri girdiklerinde gördükleri manzara karşısında küçük dillerini yutmuşlardı âdeta. O kalabalığın içinde boş salonda bir erkek sesi yankılandı: "Biriniz çabuk bir ambulans çağırsın. Kadıncağız intihar etmiş."

Bilge duyduklarına inanamadı. "Annem, benim annem intihar edemez. Bizi bırakıp bir yere gitmez o," dedi ve olduğu yere düşüp bayıldı.

* * *

Kötü hava koşulları nedeniyle Konya'dan İstanbul'a kalkması gereken uçak iptal olmuştu. Resepsiyon görevlisi telefonu kapatırken, "Maalesef efendim, sizi bir gece daha misafir edeceğiz. Uçuş iptal olmuş," dedi.

"Hay Allah," diye söylendi Zafer. "Uçuş kesin mi iptal?"

"Evet, efendim."

"Allah kahretsin. Bari yarın sabaha bir bilet ayırtın benim için. Zaten yeterince geç kaldım."

"Peki, efendim," dedi resepsiyon görevlisi başını sallarken.

Zafer odasına çıktı. Cep telefonunu eline aldığında, "Hay. aksi şeytan. Bir bu eksikti. Şarj aletini yanıma almamışım," diye mırıldandı.

Cep telefonunun bataryası birkaç saniyede bir ötüp duruyordu. Birkaç tane cevapsız çağrıya bile bakamadan telefon kendiliğinden kapandı. Bir süre odada öylece oturdu. Zehra'nın dün gece söylediği sözler kulağının içinde çınlayıp duruyordu. "Birlikte bir ömrü paylaştık, bir türlü biz olamadık nedense."

O anda gözlerinden iki damla yaş aktı titreyen kalbine Zafer'in. "Ben ne yapmışım Allah'ım? Beni affet!" diyebildi nefesinin tıkandığını hissederken.

Otel odasından hemen evi aradı ama kimse telefona cevap vermedi. "Neyse," dedi. "Nasıl olsa yarın sabah dönüyorum," diye düşündü.

Ertesi gün ilk uçakla İstanbul'a döndü. Bir taksiye atladığı gibi eve geldi. Apartmandan içeri girdiğinde daire kapısının kırılmış olduğunu gördü. Gözlerine inanamadı. Elindeki valizi yere bıraktı. Kırık olan kapıdan içeri girdi. Bedeni kaskatı oldu. "Burası benim evim olamaz," diye içinden geçirdi. Odalara açılan diğer kapılar içeriden kilitlenmişti. Bir tek salon kapısı açıktı. Açık olan kapıdan içeri girdi. "N'olmuş buradaki eşyalara?" diye düşündü. Yerde bir kırmızı minder, bir tane ilaç kutusu ve bir kâğıt parçası gördü. Birkaç adım ileri doğru gitti. Eğilip yerden kâğıdı aldı ve okudu.

"Sevgili Zafer,

Hani hatırlıyor musun? Bir gün kavga ettiğimizde bana aynen şunu söylemiştin: 'Allah'ı içimde bulunca, sensiz de olabil-

meyi öğrendim.' Ama gel gör ki ben sensiz olmayı öğreneme-
dim. Bunca zamandır çocuklarımın geleceği için sana katlan-
dım. Ama anladım ki başından beri yanlış yapmışım meğerse.
Bir zamanlar deliler gibi âşık olduğum adam nefretim olmuş.
Çocuklarımıza iyi bak. Hoşça kal..."

"Bu düşündüğüm şey olamaz," dedi ağlarken Zafer. Kâğıtta
yazılı olan notu yüksek sesle birkaç kez daha okudu. O sırada
oradan geçmekte olan Kapıcı Kâzım içeriden gelen sesi duydu.
"Kim var orada?" diye seslendi. Bir cevap alamayınca içeri girdi.
Boş salonun ortasında ayakta dikilmiş olan Zafer'i gördü.

"Dünden beri neredesiniz Zafer Bey? Biz de size ulaşmaya ça-
lıştık. Zehra Hanım intihar etti."

Zafer'in alnından buz gibi bir ter aktı. Kollarının uyuştuğu-
nu hissetti. Elindeki kâğıt süzüle süzüle yere düştü. Ayakları o
koca bedenini daha fazla taşıyamadı, başını sert bir şekilde dü-
şer düşmez yere vurdu.

* * *

Zehra, Zafer'in eve geldiği sıralarda bir hastane odasında göz-
lerini açtı. Bitkin gözlerle etrafına bakındı. "Burası neresi?" diye
kısık bir sesle sordu. Dünden beri başucundan bir saniye bile
ayrılmayan Bilge, annesinin ayıldığını görünce heyecandan ne
yapacağını şaşırdı. Koşup hemşireye haber verdi. "Çabuk koşup
gelin. Annem kendine geldi."

Hemşire hemen telefona sarıldı. "Hastamız gözlerini açmış
Doktor Bey," dedi sevinçle. Birkaç dakika sonra bir doktor ve
psikiyatrist odaya girdi. "Herkes dışarı çıksın," dedi doktor.

Zehra başucunda doktoru görünce ağlamaya başladı. "Beni
neden kurtardınız?"

"Sizin gibi güzel bir kadının ölmesine gönlümüz razı olma-
dı," dedi doktor sevinçten gülerken.

Tekrar yaşadığını görmek Zehra'yı deliye çevirmişti. Yastıklara yumruk atmaya başladı. "Beni neden kurtardınız? Yaşamak istemiyorum, yaşamak istemiyorum," diye bağırmaya başladı.

Birkaç insan zar zor da olsa ancak zapt edebildi Zehra'yı. Doktor, psikiyatriste baktı.

"Bir sakinleştirici iğne yapalım," dedi psikiyatrist. Hemşire hemen koştu iğneyi getirdi. Bir-iki dakika sonra Zehra'nın hırçın tavrı yerini sakinliğe bırakmıştı. O andan sonra gözyaşları sel olup akmaya başladı.

"Şimdi hepimiz odadan çıkıyoruz," dedi psikiyatrist Zehra'ya bakıp. "Ağlayabildiğiniz kadar ağlayın. Ağlamamak için kendinizi sakın tutmayın. Sustum dediğiniz zaman ise beni çağırın."

Doktorlar odadan çıkarken, Zehra'nın cılız sesi odanın içinde yankılandı. "N'olur bana çocuklarımı gösterin."

SON YOLCULUK

Üç gün sonra...

Bilge, paniklemiş bir halde annesinin kaldığı odaya girdi. "Nerdesin kızım?" dedi Zehra. "Dün neden gelmedin? Sen iyi misin?"

"Hiç," dedi Bilge. "Yok bir şey."

"Hiçbir şey yoksa dün neden yanıma gelmedin?"

Bilge ağlamaya başladı. "Bir şey yok dedim."

Zehra yattığı yerden hafifçe doğruldu. "Ne oldu kızım? Bir şey yoksa o zaman neden ağlıyorsun?"

"Bilmiyorum anne. Babamla kötü giden ilişkinizden bıktım. O babam, sense annem. Ne yapacağımı inan ki ben de bilmiyorum. Dün gelemedim çünkü..."

Bilge daha fazla konuşamadı. Hıçkıra hıçkıra ağlıyordu.

Zehra iyice yanına sokuldu. Kızının başını omzuna yasladı.

Eliyle gözyaşlarını sildi. "Neyin var kızım? Ne saklıyorsun benden?" diye sordu.

Bilge, "Babam," dedi.

"Ne olmuş babana?"

"Kalp krizi geçirmiş. Şimdi yoğun bakımda yatıyormuş. Dün hastaneye gittim. Ama göremedim."

O anda Zehra'nın başından aşağıya kaynar sular döküldü. "Nasıl olmuş?" diye soracaktı ki vazgeçti. "Öyle mi?" dedi. "E ne yapalım geçmiş olsun," dedi soğukkanlı bir tavırla.

Bilge, annesinin yüzüne baktı. "Eee, bu kadar mı?" dedi.

"Bu kadar da ne?" dedi kızına Zehra.

"Yarın hastaneden çıkıyorsun. Ne de olsa kocan. Yoğun bakımda yatıyor. Yanına gitmeyecek misin?"

"Hayır," dedi Zehra. "Yarın buradan çıktığım zaman artık onu bir daha görmek istemiyorum. Yeter artık. Olmayacak bir duaya amin demek gibi bir şeydi bizimkisi. Biz bu işi götüremedik. Hiçbir zaman böyle olmasını istemedim. Sen de biliyorsun. Haksızsam 'haksızsın anne' de."

Bilge annesine baktı. "Bu sefer gerçekten boşanacak mısın?"

Zehra'nın yüzünü yine her zamanki gibi acı bir gülümseme kapladı. "Daha önce boşanmamakla hata yapmışım. Şimdi aynı hatayı yapmak istemiyorum. Üstüne üstlük bu adamı boşa diyen sen değil miydin?"

Bilge bu soru karşısında afalladı. "Ne bileyim anne? O zamanlar söylüyordum işte. Şimdi ise orada, öylece, ölümle pençeleşirken ne diyeceğimi bilemiyorum."

Zehra, kızının lafını kesti. "Boş ver. Artık her şey geride kaldı. Aynı konuları konuşmanın anlamı yok. Ölümden döndüm. Buradan çıktığım zaman yeni bir hayata başlayacağım. Bu kararı almak kolay olmadı ama babandan boşanacağım."

Bilge sustu. Annesine sımsıkı sarıldı. Kokusunu içine çekti. "Biliyor musun anne? İntihara teşebbüs ettiğin zaman beni terk edip gideceğinden çok korkmuştum. Ben sensiz ne yapardım? Bunu hiç düşünmedin mi?"

Bu sefer Zehra, Bilge'yi sımsıkı bağrına bastı. "Bir daha hiç öyle bir şey olur mu kuzum? Ben bir hata yaptım. Ama bu hata bana şunu öğretti ki; sensiz ve o küçük canavarsız bir hayat asıl benim için ölümmüş."

"Sen bana bakma. Saçmalıyorum işte," dedi Bilge gözyaşlarını silerken. "Yarın eve kendin bir başına gelir misin? Ben babamın yanına gitmeyi düşünüyorum. Akşama evde buluşuruz. Ne diyorsun?"

"Olur kızım. Senin gelmene gerek yok. O zaman yarın akşam evde görüşürüz."

"Son kez soruyorum. Yarın babamın yanına gelmeyeceğinden emin misin?"

"Eminim kızım," dedi Zehra. "Ne olur daha fazla üsteleme bu meseleyi. Umarım o da bir an önce iyileşir ve ayağa kalkar. Ne de olsa babanız. Ona ihtiyacınız var."

"O zaman yarın akşam evde görüşürüz," dedi Bilge, annesine sımsıkı sarılırken.

* * *

Ertesi gün akşam üstü...

Dışarıda lapa lapa kar yağıyordu. İnsanlar bir caminin avlusunda toplanmışlardı. Ceviz büyüklüğünde yağan kar, sokak lambasının aydınlattığı tabutun üstünü örtmüştü. Bilge, kardeşi Barış'a sımsıkı sarılmıştı. İki kardeş hıçkıra hıçkıra ağlıyordu. Ayakta duracak gücü kendisinde daha fazla bulamadı Bilge. Diz kapakları katlandı. O gencecik bedeni yağan karın üstüne düştü. Yeğenini tuttuğu gibi ayağa kaldırdı Zerrin. Bilge'nin hıçkırıklarına karıştı hıçkırığı. "Neden teyze? Allah neden aldı onu bizden?"

214

Zerrin sustu. Bir şey söyleyemedi. Gözyaşlarını içine akıttı. Barış, tekrar ablasına sarıldı. "Şimdi biz kime..." demeye kalmadan, Hoca Efendi'nin sesi kulaklarda yankılandı. "Herkes saf tutsun."

Kar şiddetini iyice artırmıştı. Bilge, Barış'ın elinden tutarak tabutun başına geldi. Kardeşine baktı. Sonra yüksek sesle, "Hadi," dedi. "Üşümesin. Tabutun üstündeki karları temizleyelim."

Cami avlusunda toplanan herkes o anda ağlamaya başladı. Hoca Efendi, tabutun yanı başında duran kadının yanına yanaştı.

"Kim bu ağlayan çocuklar?"

Zehra'nın arkadaşı Ayşe, "Ölenin çocukları," dedi hıçkıra hıçkıra ağlarken.

Birkaç dakika sonra neredeyse herkes saf tutmuştu. Hoca Efendi, cemaate baktı. "Herkes tamam mı?" diye sordu.

Bir fısıltı koptu. Olup bitenlerden habersiz olanlar birbirlerine bakıp "O nerede?" diye sordular.

O sırada cemaatten bir kadının sesi yükseldi: "Cenaze namazına başlayabilirsiniz Hoca Efendi. Herkes burada," dedi.

Tekrar herkes saf tuttu. Hoca Efendi cenaze namazını kıldırdıktan sonra, helallik aldı.

Daha sonra cemaatten birkaç erkek tabutu sırtladıkları gibi cenaze arabasına koydular. Bilge ve Barış ağır ağır mezarlığa doğru yol alan arabanın arkasından bakarken hüngür hüngür ağlıyorlardı.

Cemaatten bir kadın yanındaki başka bir kadına sordu: "Bir haber var mı? Kadıncağıza arabasıyla vurup kaçan adamı polis yakalamış mı bari?"

Diğer kadın ise, "Bilmiyorum," dedi. "Allah düşmanımın başına vermesin. Kadının kocası da hastanede yoğun bakımdaymış. Karısının öldüğünü bile bilmiyormuş garibim."

Kadın, "Vah, vah," dedi. Arkasından ise ekledi: "Kadere bakar mısın?"

215